외국인도 좋아하는
비건 한식 대백과

시카고에서 차려 낸 엄마의 집밥
외국인도 좋아하는 비건 한식 대백과

조앤 리 몰리나로 지음, 김지연 옮김

일러두기

· 가독성을 고려해 재료 등의 영어 병기는 최소화하였다.
· 식재료 중 일부는 국내에서 대체할 수 있는 것으로 정리하고, 해당 재료의 속성을 함께 나타냈다.
  예) 유콘 골드 감자 → 수분이 많은 감자,
      러셋 감자 → 수분이 적은 감자
· 계량 및 조리법은 최대한 원문에 충실하고자 cup(컵)은 그대로 두었으나, oz(온스)는 국내의 실정에 맞게 g(그램)으로 변경하였다. 1컵은 약 240ml이다.
· 🥣은 분량, ☆은 요리의 난이도, 🌱은 비건 옵션을 나타냈다.

엄마의 부엌과 요리를 회상하며
내 마음속 보물이자 이야기의 주인공
엄마 아빠에게,
그리고 저를 자랑스러워할 거라 믿는
나의 두 할머니에게

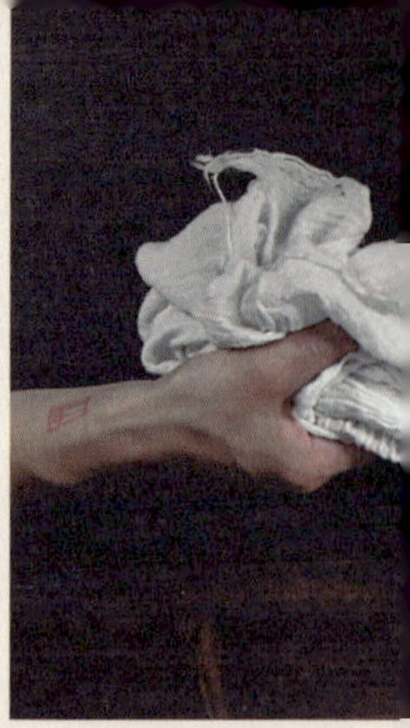

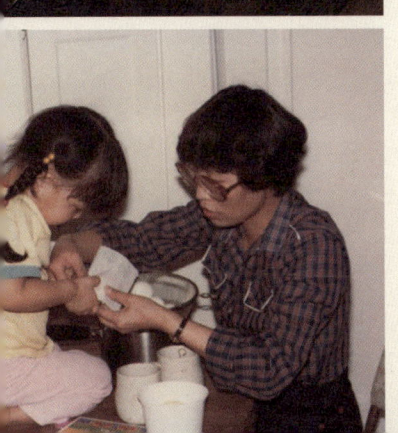

목차

이 책을 바칩니다

식탁 위의 희로애락   011
한국에서의 비건   019
비건과 한식의 만남, 팬트리   025

✱ 1. **비건으로 시작하는 한식,
     기본 재료와 소스**
    버섯 다시   041
    밥   043
    채수   045
    바비큐 소스   047
    피시 소스   049
    매콤한 간장 드레싱   051
    매콤한 고추장 드레싱   053
    보리차   055

✱ 2. **한국의 맛으로 구워 낸 풍미, 빵**
    돌솥빵   063
    들깻잎 포카치아   065
    팥빵   069
    김과 참깨를 뿌린 베이글   071
    우유 식빵   075

3. 식탁 위의 오케스트라, 반찬

빈대떡	083
케일 무침	087
구운 된장 양파	089
호박전	091
노루궁뎅이버섯조림	093
숙주나물 당면 볶음	095
블랙베리 드레싱을 곁들인 도토리묵	097
계란말이	099
두부전	103
깻잎전	105
감자조림	107

4. 한식의 샐러드, 김치와 나물

오이김치	117
배추김치	119
겉절이	123
물김치	127
총각김치	129
케일 라면 샐러드	131
깻잎절임	135
방울양배추 샐러드	137
배 코울슬로	139
대파 아이올리를 곁들인 감자 샐러드	141

5. 하루 끝의 따뜻한 위로, 찌개와 국

육개장	147
떡만둣국	151
된장국	153
된장찌개	155
김치찌개	157
순두부찌개	159
감자탕	161
미역국	163
감잣국	165

6. 쉽고 맛있게 뚝딱, 면 요리와 파스타

짜장면	173
칼국수	175
냉면	179
잡채	181
김치 국수	185
앵그리 펜네 파스타	187
수제비	189
콩나물 라면	191
아라비아타 떡볶이	195

★ 7. 소소한 추억, 길거리 음식

김밥	203
에그롤	205
두부김치	209
수플리(라이스 볼)	211
콩 불고기 와사비 치즈 샌드위치	215
바비큐 검은콩 버거	217
토스트	219
치즈 호떡	222
호떡	225
카레 떡꼬치	227

★ 8. 한국의 멋과 맛, 한 그릇 요리

콩 불고기	237
버섯 갈비	239
깐풍기	241
깐풍 두부	245
표고버섯 탕수육	247
비빔밥	251
만두	253
두부찌개	255
김치볶음밥	257
버섯죽	259
고추장 소스를 곁들인 라자냐	261
오므라이스	265
두부조림	269
마파두부	271
버섯 크림 캐서롤	273

★ 9. 낯선 재료의 달콤한 조화, 디저트

초콜릿 고구마 케이크	283
초콜릿 감 컵케이크	285
피칸 팥 파이	289
대추생강차	291
꽈배기	293
찰떡	297
레몬과 고수 블루베리 머핀	299
달콤한 메이플 옥수수차	303
초콜릿 칩 단팥 쿠키	305
초콜릿을 바른 쇼트브레드 스틱	307
에클레어 케이크	309
단팥 마블 케이크	313
카다멈 레몬 마들렌	315
커피 케이크	319
고추장 감 케이크	321

엄마의 기억을 따라, 한국으로	322
감사의 글	327

식탁 위의 희로애락

아빠는 식탁 한가운데 놓인 낡은 뚝배기에서 아직 보글보글 끓고 있는 된장찌개를 한 숟가락 떠서 입안에 넣는다. 저녁 식사는 언제나 아빠의 쇠젓가락이 숙주나 김치가 담긴 작은 도자기 반찬 그릇에 딸깍 부딪히는 소리로 시작된다. 남동생과 나는 흰쌀밥이 소복하게 담긴 밥그릇의 옆면을 긁어 댄다. 엄마는 아빠가 먼저 드시기 시작한 작은 반찬 그릇에서 숙주를 한 줄기 집어 올린다. 엄마의 아름다운 젓가락 소리가 낮은 부엌 천장 아래에서 울려 퍼진다.

가스레인지에서 부엌 식탁으로 오가시는 할머니의 발소리를 듣는다. 할머니는 뒷마당에서 키운 신선한 깻잎, 고추, 호박 등을 바구니에 담아 밥상에 올린다. 각양각색의 초록색의 채소들, 생선구이를 통째로 담아낸 그릇, 갈색의 차가운 옥수수차가 담긴 물병이 식탁에 놓여 있다. 우리가 둘러앉은 낡은 타원형 식탁에는 크레파스 낙서가 그려져 있고 아래는 껌 자국이 얼룩져 있지만, 열 가지도 넘는 먹음직스러운 반찬들이 풍성하게 차려져 있다.

그런데 나는 숟가락과 젓가락을 건드리지 않는다. 식탁에는 먹고 싶은 음식이 없다. 된장찌개도, 이날 아침 할머니를 위해 직접 고른 반찬도, 엄마 아빠가 제일 좋아하는 숙주나물도 모두 먹고 싶은 생각이 전혀 들지 않는다. 여기 차려진 음식은 TV에서 보는 사람들이나 학교 친구들이 가족과 함께 먹는 음식들이 아니다. 왜 할머니는 한 번이라도 스파게티를 만들어 주지 않으셨을까?

식탁을 다 차리고 난 할머니는 얼굴을 찡그리며 내 옆자리에 앉아 푸른색의 깻잎을 손바닥에 올려놓는다. 할머니는 젓가락 끝으로 쌈장을 완두콩 크기로 찍어서 깻잎 가운데에 콕 찍어 바른다. 그리고 그 위에 밥 한 숟가락을 올려 선물을 포장하듯이 돌돌 말아서 입안에 넣는다. 할머니는 먹지 않고 있는 나를 보며 의아한 표정

할머니

으로 바라본다. 할머니는 또다시 손바닥보다 더 커다란 깻잎 한 장을 펼쳐 든다. 할머니는 다시 한번 쌈장을 깻잎 한가운데에 올리고 아직 김이 모락모락 나는 밥을 한 숟가락 푹 떠서 깻잎을 돌돌 말아 매끈한 쌈을 만들어 이번에는 내 입속에 밀어 넣는다.

나는 입을 벌린다.

이렇게 숟가락, 그릇들이 부딪치는 소리, 음식을 씹고 후루룩 넘기는 소리가 이어진다. 할머니의 턱 아래 난 점이 깻잎쌈을 씹는 동안 마치 맥박이 뛰듯 이리저리 움직인다. 엄마는 집중한 모습으로 창백하고 각진 얼굴 아래 얇은 입술 사이로 밥을 떠서 먹는다. 아빠는 눈을 감고 계속 식사를 하시는 가운데, 남동생의 두 뺨은 밥그릇 뒤에 가려서 거의 보이지 않는다.

한번은 할머니가 일본어로 우리가 다듬고 있는 콩 개수를 속삭이듯 세어 보셨다. "이치, 니, 산, 시…" 나는 할머니를 따라해 보았다. "이치, 니, 산, 시…" 할머니는 열까지 콩을 세다가 갑자기 멈추고 나를 호되게 꾸짖으셨다. "일본말을 하면 좋지 않다. 일본말을 쓰면 위험해." 바로 이때가 내가 처음으로 우리 가족사에 비밀이 숨겨져 있다는 것을 알게 된 순간이었다. 할머니는 그 비밀을 입 밖으로 크게 말하면 위험하다고 생각하셨다.

그때까지 수년간 모르고 있던 사실이 있었다. 바로 부모님 모두 북한에서 출생하셨다는 것이다. 물론 부모님의 출생지가 그저 '북쪽 지방'이라는 것뿐이었지만. 할아버지는 부잣집 딸과의 중매 결혼을 피하려고 13살에 가출하여 북쪽에 정착하셨다. 할아버지는 매봉 산맥을 넘어 함흥에 도착하셨고 여기서 광부 일자리를 얻을 수 있었다. 이곳은 할아버지의 집에서 약 400km 떨어진 지역이었다. 우리 집에서 전설처럼 내려오는 이야기에 따르면, 할아버지는 길을 가던 중 호랑이를 만나기도 했다고 한다.

왼쪽부터 아빠, 할머니 그리고 삼촌

할아버지는 잠시 탄광에서 일하다가 일본 경찰에 입대하였다. 일본 정부 기관에서 일을 하면서 할아버지는 많은 음식을 식탁에 차리고 집을 깔끔하게 유지할 수 있게 되었으며, 적어도 겉보기에는 존경을 받는 것처럼 보이기도 했다. 하지만 한국은 수십 년 동안 일본의 지배 아래서 고통을 겪었고, 여러 사람이 할아버지의 제복 입은 모습을 보고 반역자라는 단어를 입에 올렸다. 제2차 세계 대전이 끝나갈 무렵 일본의 한국 통치가 끝나갈 시기가 다가오면서 사람들이 등 뒤에서 수군거리던 목소리가 전면적인 야유로 커져 갔다.

광복절 전날 밤, 할머니와 갓 태어난 아빠를 뒤로한 채 할아버지는 수십 명의 일본 경찰관들을 태우고 서울로 향하는 트럭에 몰래 올라탔다. 북쪽에 머무른다는 것은 곧 죽음을 의미했다. 서울로 도망친다고 해서 할아버지와 가족들이 배신한 죄에서 벗어날 수 있었던 것은 아니었다.

1946년 아빠는 할머니의 등에 업혀 훗날 남북 간 경계선인 38선을 통과했다. 할머니는 곧 한반도의 절반을 갈라놓을 국경을 지키던 공산당 군인들에게 발각되지 않기 위해 아빠가 울지 않도록 입술에 늪지대의 물을 한 움큼씩 부었다. 군인들에게 들키지 않고 국경을 통과하자 할머니는 아빠를 등에 업고 이후 남한에 도착해 할아버지를 만날 수 있었다.

왼쪽부터 이모, 할머니, 막냇삼촌 그리고 둘째 삼촌

엄마의 부모님은 모두 황해도 북한에 있는 작은 마을에서 태어났다. 제2차 세계 대전이 끝나고 한국이 일본에서 해방된 뒤 아빠가 한국으로 긴 여정을 떠난 지 불과 몇 년 후인 1949년 옹진에서 엄마가 태어났다. 1950년 6월 25일 북한군이 엄마 고향의 외곽에서 한국군과 교전하던 당시, 엄마의 나이는 1살이 채 안 되었다. 엄마가 살던 마을은 한국 전쟁에서 중요한 작전지였고, 옹진

식탁 위의 희로애락

할머니는 나에게 그네 타는 법을 가르쳐 주셨다.

엄마, 서울 할머니, 남동생

군 전투가 바로 그 시작이었다. 우박처럼 쏟아지는 미사일과 덜커덕거리는 탱크 행렬 가운데, 엄마의 부모님을 비롯한 옹진군 주민들은 피난을 가게 되었다. 그날 오후, 옹진군의 고요했던 집들은 짙은 연기 기둥으로 뒤덮이게 되었다.

결국, 엄마의 부모님은 미해군 배를 타고 서해를 건널 수 있었다. 그리고 남한에 상륙해 부유한 마을 사람들의 집 지하에 살면서 버려진 고구마를 찾아 흙을 헤집으며 피난민 생활을 시작했다.

나의 부모님은 이에 대한 그 어떤 이야기도 저녁 식탁에서 나누지 않았다. 대학에 진학할 때까지 부모님이 북한 출신이라는 사실을 모르고 있었고, 그 이후에도 부모님의 가족 역사에 얽힌 이 사실은 무시하거나 감추는 것이 오히려 편했다. 특히 친구들이 "너희 가족은 북한이 아니라 남한 출신이지?"라고 짐작할 때 더욱 그러했다. 반역자 할아버지의 어두운 이야기나 전쟁의 폐허로 인한 궁핍함을 낱낱이 파헤치는 것보다는 차라리 그렇다고 머리를 끄덕이는 것이 더 쉬운 선택이었다. 그러나 비록 이러한 과거의 이야기가 직접적으로 나오지 않더라도, 가족이 매일 같이 모여 식탁을 둘러앉을 때 부모님의 이야기는 언제 시작될지 모르는 긴장감을 불러일으켰다.

여러 해가 흘러 우리는 일리노이주의 스코키에 있는 작은 1층 집에서 시카고의 노스 쇼어에 위치한 3층짜리 집으로 이사하게 되었고, 함

가족사진

께 사는 가족의 구성과 식탁 모양도 바뀌게 되었다. 하루는 엄마가 오래된 나무 식탁을 아담하고 우아한 곡선의 황동 다리가 달린 유리 식탁으로 바꾸셨다. 귀한 식탁이라 남동생과 내가 손자국이라도 내면 엄마는 몹시 화를 내셨다. 하지만 우리는 특별한 일이 없다면 함께 저녁 식사를 했다. 긴 세월 동안 식탁 위에서는 우리 가족의 희로애락이 모두 흘러갔다.

가끔 기하학 시험에서 A+를 받거나 학교 뮤지컬에서 주인공 역을 맡는 등 좋은 소식들을 가득 안고 신나서 식탁으로 뛰어가 앉곤 했다. 아빠와 동생은 옷에 묻은 밥알을 가리키며 "점심때 먹으려고?"하며 농담을 주고받기도 했다.

때로는 기쁘고 즐거운 순간뿐만 아니라 슬프고 힘든 순간도 이 식탁 위에서 함께 맞이했다. 남동생이 태어났을 때는 할머니와 함께 살았다. 그리고 할머니가 돌아가셨을 때 서울에서 미국으로 이민을 와 계시던 '서울 할머니'라고 부르던 외할머니가 부모님이 장례 준비를 하는 동안 우리 집에 오셔서 함께 살았다.

남동생과 나

사실 그때 아빠는 잿빛 얼굴로 멍하니 허공을 바라보셨다. 아빠에게 괜찮냐고 물어보았다. 아빠는 떨리는 목소리로 말했다. "그거 아니? 네 할머니가 내 손을 잡고 기도를 해주셨어…" 아빠는 말을 채 끝내지 못하고 멈췄다가 이어 말했다. "내가 베트남전에 참전했을 때 말이야."

아빠가 베트남 전쟁에 참전하셨다는 사실은

식탁 위의 희로애락

베트남 전쟁 당시의 아빠

알고 있었지만 자세한 이야기를 들은 바가 없었다. 그러다 나중에야 아빠가 전쟁 당시 통역병으로 복무했다는 사실을 알게 되었다. 아빠는 부드럽게 이야기를 계속하셨다. "그날은 눈이 많이 내리던 날이었어. 나는 기차를 탔고 창문을 열고 손을 내밀었어. 네 할머니가 내 손을 잡고 기도를 시작하셨지. 그러고 나서……" 아빠는 잠시 눈을 질끈 감고 이어나가셨다. "그 기차가 출발했을 때 할머니가 기차와 나란히 달리시며 내 손을 꼭 붙들고 기도를 하셨단다."

그 순간 나는 할머니의 모습을 그려볼 수 있었다. 내가 할머니와 함께 지내던 푸른빛이 감도는 방에서 속삭이던 기도 소리를 떠올렸다. 할머니의 목소리가 베트남의 정글 속으로 아빠를 따라가 마치 부적처럼 감싸 안아 주었을 것 같았.

아빠는 거실의 작은 소파에 앉아 몇 분간 아무 말 없이 앉아 계셨다. 저녁 식사 시간에 서울 할머니가 부드럽게 아빠를 토닥여서 자리에 앉게 했다. 우리가 모두 식탁에 앉아 있는 동안 할머니가 주변을 오가며 밥그릇과 반찬을 가져다주는 소리가 들려왔다. 서울 할머니의 걸음걸이는 할머니의 발걸음 소리와는 사뭇 달랐.

서울 할머니가 놓아 주신 밥을 먹기 시작하면서 아빠를 바라보았다. 아빠가 천천히 숟가락을 드는 것을 보고 작은 안도감이 들었다. 이것이 우리 가족 모두가 보통의 일상으로 돌아가게 될 뿐만 아니라, 아빠가 그동안 꿈을 꾸듯 헤어

할머니와 나

나오지 못하던 것도 이제는 끝났음을 알려 주는 신호처럼 느껴졌다.

그런데 갑자기 아빠가 숟가락을 떨어뜨리고, 흐느끼며 두 손을 얼굴로 가져갔다. 잠깐의 순간이 아주 길게 느껴졌다. 우리는 모두 갑자기 일어난 이 상황에 어떻게 반응해야 할지 몰라 그냥 가만히 앉아 있었다.

서울 할머니는 천천히 아버지 쪽으로 다가가서 주름진 손으로 아빠를 위로하며 말했다. "자네, 마음 단단히 먹어야지. 이제부터는 마음을 강하게 먹어야 하네."라고 아빠에게 속삭이셨다. 이내 아빠는 울음을 멈추었고, 할머니도 식탁에 앉으셨다. 그리고 젓가락질 소리가 다시 들려왔다.

한국에서의 비건

2016년 인터넷 블로그를 개설했다. 한식에 대한 정보가 쉽고 빠르게 전달되는 과정에서 놓칠 수 있는 부분들과 채식과 관련된 정보도 공유하는 것을 목표로 했다. 예를 들어 김치를 담글 때 배추를 절이는 데는 특별한 기술이 필요하지만 이러한 방법을 다른 요리 블로그나 유튜브 동영상에서는 찾아볼 수가 없었다. 머릿속에 여러 질문들이 떠올랐다. "도마 위에서 배추를 자르는 대신, 위에서부터 아래로 칼을 집어넣어서 자르는 이유가 무엇인가요?"; "배추의 가장 바깥쪽 배춧잎으로 배추를 감싸는 이유는 무엇인가요?"; "배추를 구매하는 장소가 중요한 이유가 무엇인가요?" 바로 이러한 정보들이 시간이 흐르면서 자칫 잊힐지도 모르는 요리법을 살려낼 수 있는 비결이다.

블로그를 시작한 지 약 1년쯤 되었을 때, 가족의 이민 경험에 대한 이야기도 블로그에 올리기 시작했다. 그 이유는 성장 과정에서 먹었던 음식들에 대한 열정이 미국에서의 이민 경험과 불가분의 관계에 있다는 것을 깨달았기 때문이다. 어릴 때는 부모님에 대한 이야기를 잘 몰랐지만, 어른이 되어서야 부모님이 경험한 이야기들을 수집하고 기록하는 일이 요리 레시피 정보를 정리하는 것처럼 중요하다는 사실을 깨닫게 되었다.

이 책과 홈페이지에서 소개하는 레시피는 모두 채식을 기반으로 한다. 한국에는 비건이 아직 많지는 않다. 하지만 지난 시간 육류, 유제품, 계란류를 먹은 후에 내가 내린 결정은 식단에서 동물성 재료를 배제하는 것이었다. 어떤 사람들에게는 이러한 선택이 쉬운 결정일 수 있겠지만, 나에게는 정말 큰 결심이었다. 먹고 자란 음식 중에는 삼겹살, 짜장면 그리고 불고기와 같이 비건이 먹을 수 없는 음식들이 많이 있었다. 물론 육류를 크게 즐겨 먹는 편은 아니었지만 이 음식들이 나의 정체

성과 연관이 있다고 생각했고, 채식을 하는 것이 '한국인다움'을 잃는 것이라는 두려움이 있었다.

동시에 나는 어린 시절 신선한 채소들에 둘러싸여 지냈다. 할머니는 우리 집 뒷마당을 작은 텃밭으로 가꾸셨다. 텃밭 양쪽에는 탱글탱글한 토마토와 밝게 빛나는 연두색의 애호박이 가득 심겨 있었다. 그리고 작은 고추가 일렬로 심겨 있었는데 우리는 고추씨가 손에 박힐 때까지 고추를 쪼개어 열곤 했다. 9월이면 거대한 배나무에 올라 손이 닿는 위치에 있는 배들을 따서 가을의 수확물을 마음껏 먹으며 손가락과 입술이 끈적해진 채로 집안을 배회하곤 했다. 그리고 마당 끝에는 할머니의 자랑과 기쁨이 심겨 있었다. 수십 개의 기다랗고 우아한 하트 모양의 깻잎들이 마치 발레리나 공연단의 모습을 연상시키며 햇살 속에 빛나고 있었다.

가끔 생선을 먹긴 했지만 식탁에는 주로 쌀밥, 텃밭에서 수확한 신선한 채소들, 할머니가 요리한 고기가 들어가지 않은 밑반찬들이 차려졌다. 고기는 식탁에 거의 오르지 않았다. 할머니와 동시대를 살아간 다른 사람들처럼 할머니 역시 굶주리지 않기 위해 벼를 재배했다. 한국 전쟁 동안 할머니는 아이들, 즉 우리 엄마의 얼굴이 굶주림으로 창백해지는 것을 지켜보아야 했다. 온 나라가 불바다였고 먹을 거라고는 불타고 남은 재뿐인 것만 같았다. 피난길에 오르고 나서는 더 이상 땅을 파고 배를 채울 만한 음식이 될 재료들을 키울 수가 없었다.

천진암

그러니 시카고 외곽의 스코키에 땅을 사서

천진암의 옹기들

천진암

마침내 가족의 보금자리를 마련했을 때, 할머니가 맨 처음 한 일이 바로 한국에서 미국으로 오는 긴 비행시간 동안 할아버지 무릎 위에 올려서 가지고 오신 히비스커스를 심는 것이었다는 사실이다. 실로 놀랍지 않은가? 할머니는 이후 10년간 우리 집 뒷마당에 씨앗을 심고 이를 가꾸며 시간을 보내셨다. 우리의 식사 대부분에 쓰인 식재료들은 할머니가 직접 재배한 작물들이었다.

2019년 여름 한국을 방문했고, 할머니가 돌아가실 때까지 할머니 가슴속에 그토록 생생하게 남아 있는 장소들을 찾아가 보고자 했다. 서울에 있는 동안 스님이자 사찰 음식 대가로 잘 알려진 정관 스님을 만날 기회가 있었다. 정관 스님은 진정한 한식 채식 식단을 실천하고 계셨다. 스님은 모든 동물성 재료를 요리에서 배제하면서, 수십 년간 옹기에서 발효된 콩으로 만든 된장과 또 다른 장들을 활용해서 음식의 깊은 감칠맛을 극대화했다. 스님이 직접 만드시는 음식은 지구상에서 아마도 가장 진귀한 요리일 것이다.

백암산 깊숙이 자리한 천진암으로 정관 스님을 만나러 가는 길은 무척 떨렸다. 스님께 한식을 채식화하고 싶다는 목표를 설명하면서 인스타그램 계정과 블로그를 소개했을 때 스님은 예의를 갖춰 경청하셨고 스님의 크고 동그란 눈은 반짝거렸다. 스님은 채식을 하는 것이 무모한 생각이 아니라고 하셨다. 한국 불교 스님들이 차려내는 요리인 한국 사찰 음식은 무려 천 년이 넘

천진암

게 이어져 왔고 이것은 한국의 불고기와 비빔밥이 탄생한 시대를 훨씬 앞서는 것이라며, 스님의 채식은 지구와 동물, 서로에게 그리고 자기 자신에게 가능한 한 해를 끼치지 않는다는 인생철학의 연장선에 있었다. 정관 스님은 "상대방에게 해를 끼치는 것은 나 자신에게 해를 끼치는 것이다."라고 설명하셨다.

정관 스님이 가꾸신 정원을 거니는 동안 스님은 잔디 아래의 땅을 가리키며, "땅을 상처 입히는 것은 나 자신을 다치게 하는 것입니다. 해를 전혀 끼치지 않기란 불가능합니다. 우리가 먹기 위해 땅에서 무엇인가를 뽑아내면 땅에 상처가 납니다. 그렇지만 최소한의 해를 끼치는 것이 목표입니다. 이렇게 함으로써 우리는 자신에게 끼치는 해를 최소화할 수 있습니다."라고 말씀하셨다.

정관 스님의 부드럽고도 강력한 '해를 덜 끼치기'라는 메시지는 나에게 근본적인 울림을 주었다. 결국 비건이 되는 것은 지구에 조금이라도 더 작은 발자국을 남기는 것이고, 수십 년간 무질서한 식사를 이어 온 내 몸을 치유하는 것이다. 나는 이러한 식사가 고통을 최소화한다는 것을 안다.

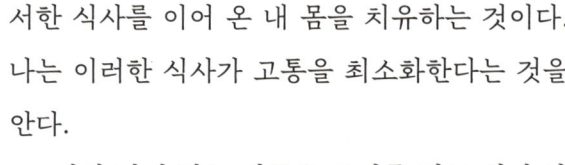

가장 많이 받는 질문은 고기를 먹고 싶지 않으냐는 것이다. 이상하게 들릴지 모르지만 사실 오랫동안 먹고 싶었던 음식은 바로 스팸이다. 스팸 특유의 맛과 식감을 전혀 좋아하지 않았는데도, 소금 폭탄의 결정체인 그 맛이 그립다. 어릴 적에는 남동생과 찌개에 남은 마지막 스팸 조각을 누가 먹을지를 두고 옥신각신하곤 했다. 솔직

천진암

나의 첫돌 사진

히 말하자면 우리에게는 다른 아이들이 흰 빵 사이에 넣어 먹는 햄이나 엄마가 만든 스파게티에 들어간 핫도그처럼 미국적인 음식이었다. 적어도 우리에겐 그랬었다. 매운 김치찌개 속에서 스팸을 찾아내는 것은 아시아계 미국인들만이 할 수 있는 독특한 경험이었다. 가장 마지막으로 먹었던 채식이 아닌 음식 중에는 제일 좋아하는 한국 술집에서 먹었던 커다란 스팸이 추가된 김치찌개가 있다. 스팸은 나를 한국인의 일원이 되게 하는 상징과도 같았다. 왜냐하면 스팸은 우리가 이민자의 자녀로서 어려움을 극복하고 살아남았다는 것을 의미하는 것과 같았기 때문이다.

채식을 시작한 이후에도 엄마의 주방을 자주 찾았다. 물론 더 이상 스팸을 먹으려고 씨름할 일은 없었지만, 김치찌개 만드는 법을 배울 수 있었다. 김치를 담그는 것에서 시작해 찌개를 준비하기까지, 내가 가진 가장 가까운 연결 고리에서부터 시작해서 결코 물리적으로는 경험할 수 없는 귀한 유산에 이를 수 있었다.

이 책에 수록된 레시피들을 수집하고 공유하면서 배운 것은 엄마와 할머니가 만들어 주셨던 음식과 정확히 똑같은 맛을 내는 것이 중요한 게 아니라, 요리를 통해 어떤 추억을 떠올리고 어떤 기분을 느끼는지가 중요하다는 것이다. 여기에 담긴 레시피들은 내게 시카고 외곽의 스코키 집 뒷마당에 있던 정원과 할머니의 손에 있던 깊은 주름들을 떠올리게 한다. 엄마의 인내와 아빠의 웃음을 생각나게 한다. 어릴 적 살던 집의 향수를 불러일으킨다.

비건과 한식의 만남, 팬트리

이 책에는 거의 매일 사용하는 식재료들을 소개하였다. 소개한 재료들 중에는 마늘, 양파, 감자처럼 친숙한 재료들도 있다. 그러나 어떤 레시피에는 낯선 재료들이 있을 수 있다. 낯선 재료를 익숙한 다른 재료로 대체하고 싶다고 생각할 수도 있다. 물론 이러한 창의력을 발휘하는 것이 요리에 도움이 될 수도 있지만, 대부분의 레시피의 경우 다른 재료들로 대체하면 같은 맛이 나지 않거나 심지어 요리가 제대로 만들어지지 않을 수도 있다. 예를 들어 짜장면을 만들기 위해서는 먼저 '춘장 소스'와 '발효 춘장 소스'의 차이를 알아야 한다. 통조림에 든 춘장 소스로 짜장면을 만들면 짜장면 맛이 제대로 나지 않을 것이다.

이 책에서는 계량할 때 대부분 표준 부피 단위(예: 컵, 큰술, 작은술 등)를 사용했다. 그러나 무게를 재는 특정 식재료의 경우에는 무게 단위를 사용했다. 제빵제과처럼 보다 정밀하게 계량해야 하는 레시피의 경우에는 그램으로 나타냈다.

마지막으로, 각 레시피에는 아래와 같이 비건 옵션을 나타냈다.

- GF는 글루텐 프리 Gluten Free를 말하며, 재료 자체에 글루텐이 없다는 것을 의미한다.
- GFO는 글루텐 프리 옵션 Gluten-Free Option을 말하며, 선택하는 재료에 따라 비건 여부가 달라질 수 있다.
- NF는 견과류 프리 Nut Free를 말하며, 재료 자체에 견과류를 포함하지 않는 것을 의미한다.

간장

사람들은 간장에 대해 한 가지 큰 오해를 하고 있다. 바로 잘못된 방식으로 대량 생산되는 대두와 대두 자체에 대한 우려 때문에, 좀 더 건강한 다른 식재료로 대체해야 한다는 생각이다. 하지만 마리나라 소스나 바비큐 소스와 마찬가지로, 간장을 만드는 법은 매우 다양한데 이는 간장의 복잡성과 긴 역사를 말해 준다.

간장은 그 이름에서 알 수 있듯이 대두로 만든 장이다. 중국에서 유래한 간장은 2천 년 이상의 역사를 지녔다. 그러므로 간장의 종류가 한두 가지밖에 없다고 생각하는 것은 정말 터무니없는 일이다. 간장의 종류는 말 그대로 수백 가지에 이른다. 한국에서는 주로 간장을 크게 4가지로 분류하고 있다. 천연 발효 간장, 혼합 간장, 산분해 간장, 양조 간장. 그러나 이 네 가지 안에서도 그 종류가 수십 가지에 이른다. 따라서 간장에 대해서 다음과 같이 정리해 볼 수 있다.

- 가능한 천연 발효 간장을 사용할 것.
- 라벨에 적힌 설명을 주의 깊게 읽을 것. 맛이나 농도를 증진시키기 위해 많은 간장들에 멸치 육수나 고당도 옥수수 시럽처럼 비채식 성분을 넣기도 한다. 나는 들어간 재료의 가짓수가 적은 간장을 선호한다. 예를 들어 물, 대두, 소금, 밀, 술이다. 술은 발효 과정에서 일부 발생하며 첨가되지 않는다.
- 다양한 요리에 각기 다른 종류의 간장을 사용해 볼 것을 권장한다. 예를 들어 국간장은 말 그대로 이름에서 알 수 있듯이 국물 맛을 낼 때 아주 탁월하다. 국간장은 된장으로 발효시키는 과정에서 남은 액체를 간단히 끓여서 만든다. 대부분의 시판 간장보다 깨끗하고 농축된 맛이 있다. 국간장은 나트륨 함량과는 관계없이 연한 색깔을 띤다. 사실 국간장은 일반 간장보다 짠맛이 더 강하기 때문에, 사용한다면 양을 더 적게 넣는 것이 좋다.
- 대두 알레르기가 있다고 해도 걱정할 필요가 없다. 코코넛 아미노는 훌륭한 간장 대체 재료가 될 것이다.

가장 좋아하는 브랜드: 샘표 유기농 간장

글루텐 프리 여부: 대부분의 한국 간장은 발효 과정에서 밀을 사용하기 때문에 글루텐 프리가 아닌 경우가 많다. 그러나 일본의 간장인 타마리는 대개 밀을 사용하지 않기 때문에 글루텐 프리에 가깝다. 타마리 표시가 있더라도 일부 간장에 밀이 첨가된 제품이 있을 수 있으므로 꼭 라벨을 확인해야 한다.

보관 방법: 간장 한 병을 몇 주 안으로 사용한다면 팬트리에 보관해도 되지만, 만약 좀 더 길게 6개월 이상 사용하는 경우에는 냉장고에 보관하도록 한다.

된장

된장은 콩을 발효시켜 만든 장이다. 전통적인 방식의 된장은 사실 간장 발효 과정에서 만들어진 부산물이었다. 된장은 보통 콩, 소금, 물 그리고 알코올 성분인 술로 이루어진다. 여기서도 마찬가지로 술은 첨가되는 것이 아니라 발효 과정에서 생성되는 성분이다. 간장과 마찬가지로 대량 생산되는 된장의 경우 불필요한 다른 성분들이 많이 포함될 것으로 판단된다. 라벨에 표기된 재료의 성분이 적을수록 좋은 된장이다. 그런데 더 중요한 요소는 바로 특정한 향이 첨가된 된장의 경우, 비건 성분이 아닌 멸치 또는 심지어 소고기 육수를 포함할 수도 있다는 점이다.

사실 된장은 한식에 익숙하지 않은 사람들을 위해 요리할 때 간혹 꺼려지는 재료이기도 하다. 겉보기에도 맛있어 보이지도 않을뿐더러 특유의 강한 향이 있기 때문이다. 하지만 다른 재료는 필요 없이 된장 한 큰술을 채수를 만들 때 넣거나, 채소 볶음을 만들 때 양념으로 사용해 본다면 왜 지금까지 된장을 부엌 양념으로 구비하지 않았을까 하는 생각이 들 것이다.

나는 된장 맛을 설명할 때 미소 된장을 종종 예로 든다. 된장과 비슷하게 미소도 발효된 콩으로 만든다. 그러나 미소는 된장과는 다른 방법으로 발효되어 좀 더 섬세한 맛을 가진다. 따라서 미소 특유의 감칠맛을 좋아하는 사람이라면, 된장도 입맛에 맞을 것이다.

가장 좋아하는 브랜드: 샘표 토굴 된장

글루텐 프리 여부: 시중에 판매되는 대부분의 된장 브랜드들은 밀가루를 사용하여 농도를 높인다. 따라서 라벨을 확인하여 글루텐이 없는 제품을 골라야 한다. 샘표 토굴 된장은 글루텐을 포함하지 않는 제조 방식으로 만들어진다.

보관 방법: 냉장 보관 시 수개월 보관 가능하다.

짜장

짜장은 볶아서 만든 소스다. 짜장은 많은 사람들에게 사랑받는 짜장면을 만드는 데 필수적인 재료다. 그러나 짜장면을 만들 때 일반적인 검은콩을 넣으면 전혀 다른 결과물이 나온다. 짜장에는 발효된 검은콩, 감미료, 증점제(대개 밀가루가 사용되며 액체의 점성을 높이는 역할을 하는 재료)가 들어간다. 짜장은 되직하고 짠맛이 난다. 채소를 찍어 먹을 수도 있지만 주로 짜장면 소스로 활용된다.

가장 좋아하는 브랜드: 아씨Assi 검은콩 짜장(아마존에서 구매 가능)

글루텐 프리 여부: 아쉽게도 시판 짜장 중에는 글루텐 프리 제품이 없다.

보관 방법: 냉장 보관 시 수개월 보관 가능하다.

고추장

고추장은 새롭게 떠오르는 핫한 재료다. 고추장은 스리라차나 살사처럼 많은 사람들이 즐겨 먹는 재료로 사용되고 있다. 그리고 맛을 한 단계 끌어올리는 이른바 킥kick의 역할도 한다. 그렇다면 고추장은 과연 무엇이며, 어떻게 설명할 수 있을까?

고추장은 글자 그대로 '고추' 그리고 '장'의 조합이다. 여느 한식 재료들처럼 된장은 기본적으로 발효된 콩을 사용하지만, 고추장은 말린 고춧가루를 넣기 때문에 먹고 나면 강렬한 한 방을 선사한다. 고추장은 대개 감미료가 첨가되어 있어서, 나는 고추장의 맛이 종종 매운 케첩 같다고 표현한다. 고추장은 쌀가루 또는 밀가루를 섞어 농도가 되직해지기 때문에 질감 면에서는 케첩보다는 토마토 페이스트에 훨씬 가까운 느낌이 든다.

고추장의 매운맛은 어느 정도일까? 고추장의 매운맛 정도는 GHU^{Gochujang Hot-Taste Unit}라는 '고추장의 매운맛 단위' 지표로 간단히 알아볼 수 있다. 대부분의 고추장은 45-75의 GHU 범위 안에 든다.

GHU	매운맛 등급
100 이상	혀에 불이 난 것처럼 몹시 매운맛
75-100	물을 잔뜩 마셔야 할 만큼 매운맛
45-75	먹을수록 땀이 나는 보통의 매운맛
30-45	매운맛이 적당히 느껴지는 살짝 매운맛
30 이하	이게 맵다고? 싶을 만큼 순한 맛

가장 좋아하는 브랜드: 청정원 순창 고추장

글루텐 프리 여부: 앞서 설명한 바와 같이, 일부 고추장 제품은 농도를 되직하게 맞추기 위해 밀가루를 사용한다. 그러나 청정원을 비롯한 다수의 브랜드 제품들은 찹쌀가루가 들어간 글루텐 프리 고추장이다.

보관 방법: 냉장 보관 시 수개월 보관 가능하다.

참기름

참기름은 그 이름에서부터 알 수 있듯이, 참깨로 만든다. 간장과 마찬가지로 참기름의 종류는 다양하다. 그렇지만 한국인들이 요리에 주로 사용하는 참기름은 볶은 참깨를 사용하기 때문에 볶지 않은 생참깨로 만드는 냉압착 방식 참기름보다 색이 진한 것이 특징이다. 볶은 참깨를 사용한 참기름은 냉압착 참기름보다 발연점이 낮다. 그래서 나는 볶은 참깨를 사용한 참기름은 양념하는 데 주로 사용하거나 발연점이 더 높은 엑스트라 버진 올리브 오일과 섞어서 사용한다. 참깨 특유의 강한 맛과 향은 조리 과정에서 대부분 사라진다. 따라서 참깨가 들어가는 대부분의 레시피에서는 참기름의 진한 향미를 유지하면서 참기름 속의 지방이 가진 맛과 어우러지도록 조리 마지막에 참기름을 ½-1작은술 넣도록 권장한다.

가장 좋아하는 브랜드: 청정원 참기름

글루텐 프리 여부: 재료 특성상 글루텐이 포함되지 않는다.

보관 방법: 실온에서 6개월간 보관 가능하다.

고춧가루

고춧가루는 '고추'와 '가루'를 합친 말이다. 선명한 빨간색의 고추로 만든다. 고춧가루는 고추장과 김치를 비롯하여 수많은 한식에 사용된다. '가루'의 사전적 의미가 '분말'을 뜻하긴 하지만 고춧가루의 질감은 소금과 마찬가지로 다양하다. 고춧가루는 입자가 거의 밀가루와 가깝게 아주 미세한 분말이거나 알갱이 형태도 있다. 입자가 고운 고춧가루는 고추장을 만드는 데 더 적합하고, 요리할 때는 주로 알갱이 형태의 고춧가루를 사용한다. 고추장과 마찬가지로, 고춧가루도 고추 자체에 따라 매운맛 등급이 달라진다. 다수의 브랜드가 매운맛 등급을 표기한다.

대체 재료 사용하기: 가장 많이 받는 질문 중 하나는 고춧가루를 다른 재료로 대체할 수 있는지 여부다. 간장(코코넛 아미노)과 된장(미소)에는 괜찮은 대체 재료가 있지만, 고춧가루와 같은 맛을 낼 수 있는 대체 재료는 찾기 어렵다. 게다가 대부분의 향신료들은 너무 곱게 갈려있어서 질감이 다르다. 차라리 정확한 맛을 낼 수 있는 고추장으로 대체하는 편이 낫다.

가장 좋아하는 브랜드: 태경 고춧가루

글루텐 프리 여부: 재료 특성상 글루텐이 포함되지 않는다.

보관 방법: 매일 사용하는 고춧가루는 팬트리에 실온으로 일부 보관한다. 나머지는 냉장고에서 보관하면 약 3-6개월간 신선함이 유지되며, 냉동실에서는 약 1년

까지도 신선하게 보관 가능하다.

다시마

다시마는 비건을 시작하면서부터 음식 맛을 내는 비법으로 사용해 왔다. 여전히 많은 비건들이 요리할 때 대부분 버섯을 이용해 감칠맛을 더하지만, 말린 다시마 한 장이 최고의 비밀 무기다.

마트의 해초 코너에는 질감, 절단 상태, 종류가 다양한 해초들을 수없이 찾아볼 수 있다. 다시마는 일반적으로 커다랗고, 건조 상태로 판매된다. 다시마와 미역을 혼동하면 안 된다. 미역은 돌돌 말린 모양이지만, 다시마는 평평한 시트 모양이다. 최근에는 다시마를 작게 잘라서 판매하기도 한다. 한식에서는 주로 멸치로 맛을 내지만, 다시마가 더 섬세한 바다 향을 더해 준다.

나는 채수를 냄비 한 솥 분량으로 우릴 때는 커다란 다시마를 한 장을 냄비에 맞게 작게 잘라서 사용한다. 2-3인분의 국을 끓이는 경우라면 많은 양이 필요하지 않다. 여기서 중요한 팁은 다시마를 너무 오래 데치면, 쓴맛이 나거나 끈적거릴 수 있다는 것이다. 그래서 대량을 만드는 경우에는(p.45 채수처럼) 약 30-40분 후에, 소량을 만드는 경우에는(p.159 순두부찌개처럼) 약 10-15분 후에 건져 낸다.

가장 좋아하는 브랜드: 청정원 다시마
글루텐 프리 여부: 재료 특성상 글루텐이 포함되지 않는다.
보관 방법: 다시마는 냉동실에 보관하면 장기간 보관 가능하다.

말린 표고버섯

다시마가 유일하게 맛을 내는 재료는 아니다. 부엌 팬트리에는 말린 표고버섯이 항상 준비되어 있다. 표고버섯은 한 줌 정도를 몇 시간 동안 찬물에 담가두기만 하면 채수를 만들기 위한 최고의 기본 재료가 될 뿐만 아니라, 불린 버섯은 고기처

럼 쫄깃하고 즙이 가득하며 풍부한 맛을 낸다.

표고버섯 요리 팁:

- 생표고버섯보다는 말린 표고버섯을 사용하도록 한다. 말린 버섯은 맛이 더욱 풍부하고, 일반적으로 크기도 크고 균일하다.
- 못난이 버섯을 고른다. 머리에 구멍과 흠집이 난 표고버섯의 맛이 더 좋다. 왜 그러한지 이유는 모르겠지만, 수년간 다양한 종류의 표고버섯을 요리해 본 결과 매끈한 버섯보다 못난이 버섯이 늘 옳았다.
- 말린 표고버섯은 대부분 줄기가 붙어있다. 요리할 때는 이 줄기들을 잘라내야 한다. 단, 채수를 낼 때는 자르지 않아도 된다.

가장 좋아하는 브랜드: 아씨 표고버섯(아마존에서 구매 가능)

글루텐 프리 여부: 재료 특성상 글루텐이 포함되지 않는다.

보관 방법: 말린 표고버섯은 실온에서도 장기간 보관 가능하다.

식물성 우유

식물성 우유는 전통적인 한식 재료로 생각되지 않지만, 얼마나 많이 소비되는지 알면 놀랄 것이다. 나는 어릴 때부터 두유를 마셨고, 두유가 우유의 대체 식품이 아닌 맛있는 음료라고 생각했었다. 두유의 종류도 여러 가지가 있는데, 아무 맛도 첨가하지 않은 무가당 제품에서부터 밀크셰이크 맛까지 다양하다. 비건을 실천하면서부터 대부분의 레시피에서 두유가 가장 좋은 선택지였지만, 그 외에도 아몬드 우유, 캐슈너트 우유, 헤이즐넛 우유, 코코넛 우유, 라이스(쌀) 우유, 귀리 우유 등 모든 종류의 우유 대체 식품들을 사용해 보았다. 이 책에서 소개하는 레시피에서는 모두 사용할 수 있지만 두유와 귀리 우유가 단백질 함량이 높기 때문에 베이킹에 가장 적합하다. 베이킹 결과물이 더욱 부드럽고 쫄깃하다. 하지만 이 같은 차이는 미미해서 미세한 차이를 시도해 보는 사람들이 느낄 수 있는 수준이다.

가장 좋아하는 브랜드: 삼육 두유

글루텐 프리 여부: 재료 특성상 글루텐이 포함되지 않는다.

보관 방법: 냉장 보관해야 한다.

가래떡(쌀떡)

가래떡은 찹쌀가루를 이용해 만든 쌀떡의 일종으로 기다란 튜브 모양, 납작한 원판 모양, 때로는 작은 구슬 모양으로 반죽을 빚은 뒤 쪄서 만든다. 가래떡은 마치 파스타를 연상시킨다. 이탈리아의 뇨키와 맛이 비슷하지만, 좀 더 식감이 쫄깃하다. 가래떡은 주로 떡국이나 떡볶이와 같은 요리에 사용된다. 쌀로만 만들어진 가래떡은 재료 특성상 글루텐이 포함되지 않는다.

가능하다면 동네 떡집에서 아침에 갓 뽑아낸 신선한 가래떡을 구매할 것을 추천한다. 왜냐하면 요리하기도 훨씬 편하고 떡 자체가 맛있다. 구할 수 없다면 냉동된 떡을 사용해도 비슷한 결과를 얻을 수 있다. 사용하기 전에 잘 해동하기만 하면 된다.

가장 좋아하는 브랜드: 떡집에서 갓 뽑아낸 가래떡

글루텐 프리 여부: 재료 특성상 글루텐이 포함되지 않는다.

보관 방법: 냉장고에서 최대 1주간 보관 가능하며, 냉동실에서는 좀 더 장기간 보관 가능하다.

팥(단팥)

여름이 되면 얼음을 곱게 갈아 그 위에 단팥을 올린 팥빙수를 만들기도 한다. 집에서 직접 단팥소를 만들 수도 있지만, 편의상 통조림을 살 수도 있다. 이때 라벨 표기를 확인해야 한다. 왜냐하면 일부 제품에는 농도를 높이기 위해 유제품이 함유될 수 있기 때문이다. 일반적으로는 설탕으로 단맛을 입히지만 집에서 직접 만드는 경우라면 메이플 시럽, 아가베 시럽 또는 기호에 따른 감미료를 사용할 수도 있다.

가장 좋아하는 브랜드: 수라Sura 단팥(아마존에서 구매 가능)

글루텐 프리 여부: 재료 특성상 글루텐이 포함되지 않는다.

보관 방법: 개봉 전에는 실온 보관하고 개봉 후에는 냉장 보관 가능하다.

식물성 계란 대체 식품

그동안 비건 식단을 위한 대체 식품은 많은 발전이 있었다. 2016년에 식물성 기반 식단을 시작했을 때, 주로 계란 대체 식품은 제빵 레시피에서 사용되는 가루 형태였다. 머핀이나 케이크를 만들 때는 말린 아마씨에 물을 섞거나 아쿠아파바(병아리콩물)을 즐겨 사용하였다. 그런데 아마씨나 아쿠아파바로 계란프라이를 해본 적이 있는가? 썩 내키는 레시피는 아닐지도 모르지만, 시도해 봐도 좋다. 지금은 시중에 액상 형태의 대체 식품도 많다. 비건이 되기 전에는 계란을 그리 좋아하지 않았지만, 가끔 엄마의 계란말이가 그리워질 때가 있었다. 그래서 액상 계란 대체 식품이 나오자마자 바로 시도해 보았다. 계란말이 한 조각을 입속에 넣자마자 깜짝 놀랐다. 내가 만든 계란말이가 엄마가 만든 계란말이와 똑같은 맛이 났기 때문이다. 마치 평생 닫혀서 열리지 않으리라고 생각했던 문이 활짝 열린 것 같은 기분이었다. 이 책에서는 그 문을 열고 들어갔을 때 경험한 것들을 소개하고 있다.

가장 좋아하는 브랜드: 저스트 에그JUST Egg

글루텐 프리 여부: 저스트 에그는 글루텐 프리 제품이다. 다른 브랜드의 경우 사용 전 라벨을 반드시 확인하자.

보관 방법: 개봉한 후에는 약 1주일간 냉장 보관해야 한다.

1.
비건으로 시작하는 한식,
기본 재료와 소스

'밥'이라는 단어는 '쌀'을 의미하기도 하지만, 한국에서는 거의 모든 식사에 밥이 포함되기 때문에 '식사'를 의미하기도 한다. 또한 "밥 먹자!"는 말이 쌀이 들어간 밥이 아니고 국수를 먹더라도 함께 식사하자는 넓은 의미를 담고 있다. 1장에서는 한국의 주식을 소개한다. 그중에는 먼저 가장 기본이 되는 밥이 포함되어 있다. 또한 주요 한식 메뉴들, 그리고 이후의 레시피에서 사용되는 기본 재료와 소스들을 찾아볼 수 있다.

아빠로부터 배운 음식을 대하는 정성

할아버지가 13살이었을 때, 할아버지는 부모님이 정해준 정략결혼을 거부하며 가출하셨다. 10년 후에 할아버지가 아내와 아들을 데리고 집으로 돌아갔을 때, 할아버지는 돌투성이의 작은 토지를 상속받았다. 할아버지의 형제들이 상속받은 비옥하고 아름다운 땅과는 비교도 되지 않는 땅이었다. 그렇지만 할아버지는 부모님을 실망시키지 않기 위해 쌀을 직접 재배할 수 있는 땅은 없더라도 다른 사람들이 경작한 쌀을 중개하는 것은 가능하다고 판단했다. 그래서 5일에 한 번씩 동틀 무렵, 할아버지와 아버지는 그날 팔고자 하는 물건들을 싣고 트럭에 올라탔다. 가장 가까운 시장도 꽤 멀었어서, 당시 9살이던 아빠는 1시간 이상 트럭 위에서 감자 봉지처럼 몸이 마구 흔들리는 울퉁불퉁한 길을 오갔다.

아빠가 맡은 일은 비록 간단하지만 중요한 임무였다. 할아버지와 아빠가 시장에 도착하면 아빠는 전력 질주를 하곤 했는데, 할아버지처럼 쌀을 사려고 나온 다른 업자들이 몰려오기 전에 먼저 쌀 한두 포대를 팔려고 나온 농부들을 찾아서 인사를 건넸다. 농부들의 첫 구매자가 되는 것이 핵심이었다. 처음 건네는 인사가 그날의 쌀 거래 조건을 결정했기 때문이다. 그런 다음 아빠는 농부들을 할아버지에게 보내서 거래를 성사시켰다. 할아버지는 하루 동안 쌓인 쌀 포대를 한두 명의 쌀 유통업자에게 적당한 이윤을 붙여 모두 되팔았다. 이렇게 아빠의 두 다리와 할아버지의 지

대학 졸업식에서 아빠와 함께

혜 덕분에 "빈곤에서 벗어날 수 있었다."고 아빠는 말했다.

밥을 지을 때마다 아빠와 가장 크게 다투었던 순간이 떠오른다. 하루는 아빠가 학교에서 돌아온 나에게 밥 짓는 일을 시키셨는데, 남동생이 아닌 내가 밥 짓기 담당이 된 것에 화가 나서 밥을 대충 지었다. 쌀을 한 번도 헹구지 않고 물을 얼마나 넣어야 하는지에도 거의 신경을 쓰지 않은 채, 그저 쌀을 밥솥에 붓고는 내 할 일을 하러 갔다. 몇 시간이 흘렀을까. 아빠가 부엌으로 나를 부르는데, 분위기가 심상치 않았다. 조심스럽게 아래층으로 터벅터벅 내려갔다. 아빠는 "밥이 이게 뭐냐? 밥에 물기도 없고, 너무 꼬들꼬들하잖아. 이런 밥은 아무도 못 먹는다!"라고 말하며 밥그릇과 주걱을 싱크대에 던져버렸다.

가족들은 모두 아빠의 '쌀밥 사건'을 눈앞에서 생생하게 목격한 증인들이다. 그리고 이날의 에피소드는 두고두고 회자되고 있다. 물론 지금에 와서 생각해보면 재미난 사건이다. 비록 그 사건 이후에는 물이 더 이상 뿌옇지 않을 때까지 쌀을 계속 헹구고, 손바닥을 쌀 위에 갖다 대어 물을 더 넣을지 또는 따라 낼지 확인하는 습관이 생겨버리긴 했지만 말이다. 밥솥 뚜껑을 열었을 때 너무 꼬들거리거나 질퍽하지 않은 완벽한 밥이 된 것을 확인하면 항상 작은 기쁨이 솟아오르는 것을 느끼곤 한다. 아마도 쌀밥 사건의 경험 때문일 것이다.

밥이 딱 잘 되었군!

아빠의 모교 연세대학교에서 아빠와 함께

버섯 다시

- 🥣 : 4컵
- ☆ : 낮음
- 🌱 : GF, NF

재료
- 말린 표고버섯 큰 것 6개 또는 작은 것 7개

이전에는 말린 식재료가 절대로 신선한 재료만큼 다채로운 맛을 낼 수 없다고 생각했었다. 그런데 이런 생각이 틀렸다는 것을 알게 된 계기가 있다. 직접 한인 마트에서 장을 보기 시작한 이후로, 미국에서는 결코 찾아볼 수 없는 수십 가지의 버섯들이 있다는 것을 알게 되었다. 또한 버섯을 찬물에 몇 시간 동안 담가 두면 놀라울 정도로 깊고 풍부한 국물을 우려낼 수 있고, 또 보기 좋게 통통하게 불린 한 줌의 버섯들은 식재료로 활용할 수 있다는 것도 알게 되었다. 이렇게 우려낸 버섯 다시는 버섯죽이나 버섯 리소토, 각종 찌개 또는 떡볶이의 기본 간을 만드는 훌륭한 재료가 된다. 이제 팬트리에는 커다란 말린 버섯 주머니들이 늘 구비되어 있고, 냉장고에는 밀폐 유리병에 담긴 버섯 다시가 있다.

1. 말린 표고버섯 4컵을 정수된 찬물 4컵에 약 4시간 이상 실온에서 불린다.
2. 불린 버섯은 건져서 나중에 쓸 식재료로 보관한다. 이 책에서 국, 찌개, 볶음 그리고 각종 요리 레시피에서 일반적으로 쓰이는 생버섯 못지않은 훌륭한 식재료로 활용된다.
3. 버섯 다시를 촘촘한 체망 또는 거름천에 걸러 보관 용기에 담는다. 버섯 다시는 냉장고에서 약 1주일까지 보관 가능하다. 냉동실에서는 약 1주일 이상 보관 가능하다.

밥

- 🍚 : 8-12인분
- ☆ : 낮음
- 🌱 : NF

재료
- 현미 1컵
- 찹쌀현미 1컵
- 찰흑미 2큰술
- 보리쌀 ½컵

이미 밥 짓는 법을 알고 있을 테니 조리법은 특별히 필요하지 않다고 생각할 수 있다. 매일 지어 먹는 밥이기에 밥알이 고슬고슬하고 탱글탱글 살아있는 완벽한 밥을 짓기란 어쩌면 너무나도 당연한 것일 수 있다. 물론 쉽게 지을 수도 있지만 쌀은 각양각색의 품종, 색깔, 크기, 브랜드가 있고, '완벽한 밥'을 짓기란 요리 초보자에게는 쉽지 않은 일이다. 그래서 매일 지어 먹는 밥을 소개하고자 한다. 출근하기 전에 밥솥에 미리 준비해 놓으면 퇴근하고 집에 돌아왔을 때 따뜻하고 완벽한 밥을 먹을 수 있다.

1. 준비된 쌀과 잡곡을 온수에서 더 이상 뿌연 물이 나오지 않을 때까지 여러 번 헹군다. 헹구고 남은 물은 최대한 따라 버린다.
2. 깨끗하게 씻은 쌀과 잡곡을 물 3컵과 함께 작은 냄비나 전기밥솥에 담는다. 전기밥솥을 이용하는 경우에는 메뉴에서 잡곡 모드로 설정하고 약 45분에서 65분간 조리한다. 조리 시간은 밥솥마다 다를 수 있으니 이를 확인하는 것도 필요하다. 선기밥솥이 아닌 냄비에 밥을 하는 경우에는 뚜껑을 닫고 중강불 이상에서 끓인다. 물이 넘치지 않는지 지켜봐야 한다. 밥물이 끓어오르면 바로 불을 낮추어서 계속 끓이고, 김이 나올 수 있게 뚜껑을 살짝 비스듬히 덮은 상태에서 15분간 조리한다.
3. 포크 또는 주걱으로 밥을 젓는다. 뚜껑을 다시 덮고 약 15분간 냄비 안의 수분이 완전히 밥알에 스며들도록 해서 질지 않고 고슬고슬한 밥을 완성한다.

채수

- 🥣 : 6컵
- ☆ : 낮음
- 🌱 : GF, NF

재료
- 참기름 2큰술
- 적당한 크기로 썬 당근 2개
- 적당한 크기로 썬 셀러리 1개
- 껍질째로 통마늘 3쪽
- 껍질째로 적당한 크기로 썬 양파 2개
- 적당한 크기로 썬 대파 4대
- 적당한 크기로 썬 감자 1개
  *수분이 적은 감자가 좋다.
- 껍질째로 적당한 크기로 썬 무 ½컵
- 말린 표고버섯 큰 것 2개 또는 작은 것 3개
- 말린 포르치니버섯 큰 것 2개 또는 작은 것 4개
- 연한 색의 양배추 잎 7-8장
- 냄비의 크기에 맞게 적당한 크기로 자른 다시마 큰 것 1장 p.31
- 통후추 1큰술

채수는 국물이 아주 부드럽고 그 맛이 일품이다. 값비싼 스톡이나 육수들을 수없이 사보았지만 채수에서 맛볼 수 있는 깊은 맛은 결코 찾아볼 수 없었다. 채수를 활용할 수 있는 가장 좋은 방법은 채수를 한 번에 대량으로 여러 통을 만들어서 냉동 보관해 두는 것이다. 이렇게 하면 시판 육수를 사서 쓰지 않아도 된다. 여기서 소개하는 채수는 이 책의 다른 요리 레시피에서 다양하게 활용된다. 하지만 만들어 둔 채수가 다 쓰고 없다면, 시중에서 파는 것을 사용해도 좋다.

1. 큰 국 냄비에 참기름을 두르고 중불에서 달군다. 냄비에 당근, 셀러리, 마늘, 양파, 대파, 감자, 무, 말린 버섯, 양배추 잎, 다시마를 넣고 약 2분간 조리한다.
2. 물 12컵을 냄비에 넣고 통후추를 넣은 뒤 중강불에서 끓인다. 끓으면 약불로 낮추어 약 30분간 더 끓인다.
3. 다시마를 건져 내고 남은 물이 절반 정도로 줄어들도록 약 3시간 동안 졸인다.
4. 남은 채소들을 모두 버리고 채수를 촘촘한 체망 또는 거름천에 부어 작은 채소 조각들을 걸러 낸다.

chef's tip

채수에 사용하는 모든 채소들은 대부분 껍질째 사용하기 때문에 깨끗하게 씻어야 한다.

바비큐 소스

🥣 : 3컵

☆ : 낮음

🌿 : GFO, NF

재료
- 큼지막하게 썬 적양파 ½개
- 다진 대파 3대
- 껍질을 제거한 마늘 8-9쪽
- 간장 1컵
- 현미 조청 ¼컵
- 쌀식초 2큰술
- 미림 2큰술
- 적당한 크기로 썬 배 또는 사과 ½컵
- 적당한 크기로 썬 빨간색 파프리카 ½컵
- 생강 1조각
- 참기름 1작은술
- 후추 1작은술
- 버섯 다시 ¼컵 p.41 또는 물
- 감자 전분 2큰술

제일 처음 배운 요리 중 하나는 바로 한국식 바비큐 양념이다. 엄마의 비법이 담겨 있는 이 바비큐 소스는 고기와 채소를 재워서 구울 때 사용하는 양념이다. 마늘향 가득한 그 맛이 정말 일품이라서 바비큐 소스는 유리병에 담아 냉장고에 상시 준비해 둔다. 만들기도 쉽고, 많은 요리에서 간장 대신 사용하기도 한다. 양념할 때도 좋지만, 콩 불고기 p.237 또는 버섯 갈비 p.239 같은 요리의 양념으로 사용할 수도 있다.

1. 믹서기에 적양파, 대파, 마늘, 간장, 현미 조청, 쌀식초, 미림, 배 또는 사과, 파프리카, 생강, 참기름, 후추를 넣고 매끄러운 거품이 생기도록 간다.
2. 중간 크기의 냄비에 소스를 붓고 중강불에서 끓인다. 소스가 약 ⅓ 정도 줄어들 때까지 약 10분간 끓인다.
3. 작은 그릇에 버섯 다시와 감자 전분을 넣고 섞어서 걸쭉하게 만든다. 끓는 소스에 버섯 다시와 감자 전분 혼합물을 천천히 넣으며 계속 젓는다. 소스가 걸쭉해질 때까지 계속 젓는다.
4. 소스가 걸쭉해지면 불을 끄고 식힌다. 식는 과정에서 좀 더 걸쭉해진다. 식으면 냉장고에 며칠간 보관 가능하며, 더 오래 사용하려면 냉동 보관한다.

피시 소스

🥣 : 1½컵
☆ : 낮음
🌿 : GFO, NF

재료
- 간장 1½컵
- 말린 표고버섯 큰 것 4개 또는 작은 것 6개
- 생팽이버섯 4줌
- 적당한 크기로 썬 샬롯 2개
- 껍질을 제거한 마늘 4쪽
- 5cm 길이의 정사각형으로 자른 다시마 5장 p.31
- 미림 2큰술
- 발사믹 식초 2큰술
- 쌀식초 2큰술
- 통후추 2작은술

비건 식단을 유지하기에 가장 어려웠던 점은 바로 김치였다. 과연 액젓 없이 어떻게 김치를 담글 수 있을까? 사실 액젓 없이도 제대로만 만들면 맛있는 김치를 담글 수 있다. 액젓은 김치의 풍미를 살릴 뿐만 아니라, 발효를 촉진하는 역할도 한다. 그러므로 액젓 없이 김치를 담그는 비결은 바로 시간을 좀 더 들이는 것뿐이다. 여러 방법으로 김치 담그기를 시도하면서 나만의 피시 소스를 만들어 섬세한 풍미를 더해주는 한 끗의 차이를 만들어 냈다. 일반 액젓처럼 조금만 넣어도 맛이 굉장히 강하기 때문에 신중하게 넣는 것이 좋다.

1. 중간 크기의 소스팬에 물 3컵, 간장, 말린 표고버섯, 생팽이버섯, 샬롯, 마늘, 다시마, 미림, 발사믹 식초, 쌀식초, 통후추를 넣는다. 중강불에서 끓이다가 불을 낮추고 1시간 동안 끓인다.
2. 채소를 건져 내고 소스가 절반 정도 줄어들 때까지 약 1시간 동안 끓인다.
3. 촘촘한 체망 또는 거름천에 소스를 부어 작은 덩어리들을 걸러 내고 용기에 담는다. 냉장고에서 최대 6개월간 보관 가능하며, 장기간 보관 시에는 냉동 보관한다.

매콤한 간장 드레싱

🥣 : 1½컵
☆ : 낮음
🌿 : GFO, NF

재료
- 간장 1컵
- 고춧가루 2큰술 p.30
- 다진 마늘 3-4쪽
- 다진 대파 2대
- 잘게 다진 적양파 ¼컵
- 슬라이스한 꽈리고추 1개
- 슬라이스한 프레즈노 고추 1개
- 현미 조청 또는 메이플 시럽 2큰술
- 쌀식초 1큰술
- 미림 1큰술
- 후추 1작은술
- 간 강황 ½작은술

이 드레싱을 활용하면 마치 오후 내내 부엌에서 공들인 듯한 맛깔스러운 요리를 만들 수 있다. 완성하는 데 15분밖에 걸리지 않고, 냉장고에서 몇 주까지도 보관할 수 있다. 이 드레싱은 기호에 맞게 좋아하는 요리에 찍어 먹을 수 있을 뿐만 아니라 콩, 채소, 밥 위에 살짝 뿌려 먹거나 두부조림에도 사용할 수 있다. 이 드레싱 하나로 간단하게 멋과 맛을 모두 잡은 밥상을 완성할 수 있다.

작은 그릇에 간장, 고춧가루, 마늘, 대파, 적양파, 꽈리고추, 프레즈노 고추, 현미 조청, 쌀식초, 미림, 후추, 그리고 강황을 넣고 섞는다. 뚜껑이 있는 용기에 담으면 1개월까지 보관 가능하다. 사용 전에는 잘 흔들어야 한다.

매콤한 고추장 드레싱

⌣ : ½컵
☆ : 낮음
🌱 : GFO, NF

재료
- 고추장 ¼컵 p.28
- 머스터드 1작은술
- 미림 1큰술
- 쌀식초 1큰술
- 메이플 시럽 1큰술
- 간장 1큰술

반찬을 준비할 시간이 충분하지 않을 때 이 드레싱을 활용하면 좋다. 아스파라거스나 브로콜리를 데친 뒤, 그 위에 이 드레싱을 곁들이면 간단하고 궁합이 맞는 맛있는 반찬이 된다.

1. 작은 그릇에 고추장, 머스타드, 미림, 쌀식초, 메이플 시럽, 간장을 넣고 섞는다. 소스가 되직하다면 물을 살짝 넣고 섞는다.
2. 뚜껑이 있는 용기에 담아 최대 1개월간 보관한다.

보리차

⌒ : 6-8인분
☆ : 낮음
🌿 : NF

재료
- 통보리 450g

보리차를 한 모금 마시면 할머니 댁에서 유리병에 담긴 보리차를 마시던 어린 시절로 돌아갈 수 있다. 보리차는 무색무취의 물과는 다르게 어느 정도의 맛이 있다. 통보리를 사용해 보리차를 끓이는 방법을 간단히 소개한다.

1. 크고 바닥이 두꺼운 냄비에 보리를 한 겹으로 펼쳐 놓는다. 보리의 양에 따라 여러 번 나눠서 해야 할 수도 있다. 중불에서 보리가 짙은 갈색이 될 때까지 약 25분간 타지 않도록 골고루 볶는다.
2. 볶는 과정이 모두 끝나면, 보리를 하나의 냄비에 모두 붓는다. 정수된 물 8컵을 넣는다. 중강불에서 끓이다가 물이 끓으면 불을 줄이고 약 3-5분 더 끓인다.
3. 거름천을 유리병 위에 올려서 보리차를 안으로 붓는다. 걸러진 보리는 버린다. 보리차는 냉장 보관해 두었다가 더운 날에 얼음과 함께 마시면 좋다.

2.
한국의 맛으로 구워 낸 풍미,
빵

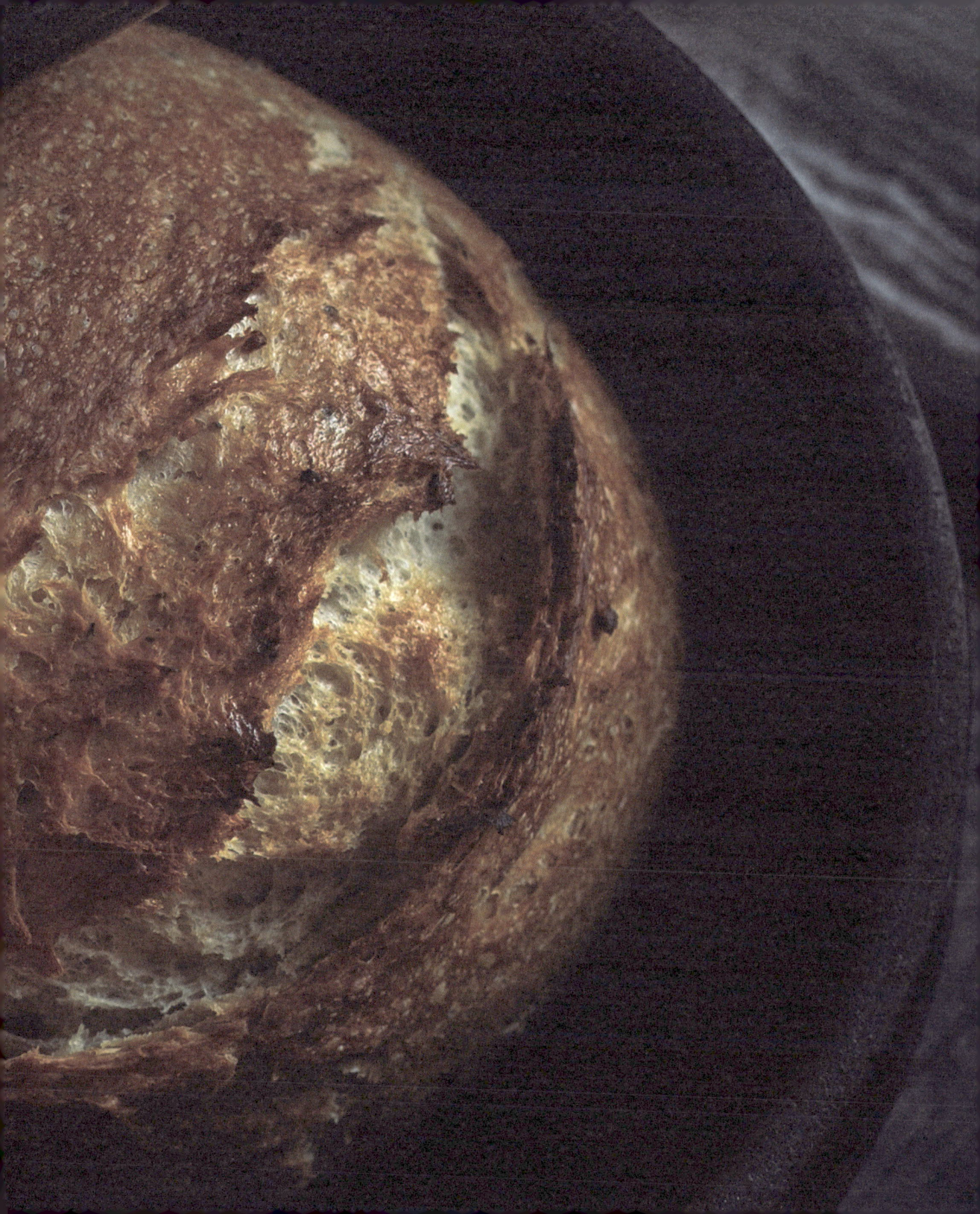

빵은 비교적 최근에 한국인의 식탁에 등장했다.
19세기에 천주교 선교사들이 '생명의 양식'으로
빵을 한국에 처음 소개했지만, 빵이 한국 요리에
본격적으로 등장하기 시작한 것은 20세기 상반기
일제 강점기 때였다. 그때까지도 빵은 바나나,
우유처럼 고급 식품으로 취급되었다. 오늘날 전통
한식당에서도 빵을 거의 찾아볼 수 없다.
하지만 요즘 한국에는 한 블록 안에서만 해도 여러
개의 빵집이 들어서 있으며, 다양한 종류의 과자와
케이크를 비롯하여 상상할 수 있는 모든 빵들을
판매하고 있다. 2장에서는 특별히 한식에서 주로
사용하는 재료와 도구를 사용해 초보자와 전문가
모두가 시도해 볼 수 있는 빵 레시피를 담았다.

엄마의 미국 정착기

엄마는 20대 초반에 한국에서 미국으로 이민을 오셨다. 엄마는 옷가지들과 쌀, 치약, 비누 그리고 한국에서 두 해 동안 모은 800달러를 가지고 '꿈의 땅'에 도착했다.

시카고의 병원에서 일자리를 구하면서 간호사 면허 시험을 준비하던 엄마는 호숫가 앞에 있는 월세 99달러의 원룸 아파트를 얻었다. 온갖 법에 어긋나는 일들이 가득하고 비좁은 이곳에서 엄마는 룸메이트와 함께 사용하는 침대 위에서 매일 밤 삐거덕거리는 나무 마룻바닥 소리와 긁적거리는 소리를 피해 잠을 청했다.

엄마는 한 번도 호숫가에 이렇게 가까이 살아본 적이 없어서 종종 산책을 나가곤 했다. 아마도 열심히 공부하고 나서라든지 아니면 배가 고프지만 음식을 살 돈이 없을 때였을 것이다. 혹은 룸메이트와 이야기할 기분이 아닐 때였을 것이다. 이곳에서 엄마는 거품이 해변에 휘감기는 모습을 그저 바라보고 갔다.

엄마는 영어를 배우기 위해 일주일에 두 번 학교 수업을 들으면서, 동시에 간호사 면허 시험을 위해 간호 학교에 다녔다. 간호사 시험을 통과하는 것 자체가 도전이었지만, 엄마가 겉핥기식으로만 익숙해진 언어로 시험을 치르고자 한 것은 마치 나침반 없이 그랜드 캐니언을 탐험하는 것과 같은 일이었다. 엄마는 매일 밤 로마자가 기어 다니는 개미 떼처럼 뒤섞인 책을 파고들었고, 배고픔을 완전히 해결하지 못한 채로 열심히 공부했다.

엄마의 간호대학 졸업식 날

시험 결과가 나온 날, 엄마는 아파트에서 돌아오는 길모퉁이에 있는 공중전화로 아버지에게 전화를 걸었다. "아빠, 시험에 떨어졌어요."

엄마는 미국으로 떠나는 날 가지고 온 돈뭉치를 떠올렸다. 외할아버지가 엄마에게 집으로 돌아올 비행기표를 구매할 것을 대비해 그 돈의 절반은 아껴두라고 주의를 주셨었다. 하지만 엄마는 시험을 통과하고 정규직으로 취업해서 월세도 내고 간호사 신발도 사고 비행기표도 살 수 있으리라 생각하며, 가지고 있는 돈을 거의 다 써버렸다. 결국 엄마는 빈손으로 집에 돌아와야 했다.

외할아버지는 국제 전화의 잡음 너머로 최선을 다해 엄마를 위로했다. 그리고 엄마가 실패한 것이 아니라고 이야기하며, 당연히 집에 돌아올 수 있다고 다독였다. 그런데 그때, 외할아버지가 다른 말을 꺼냈다. "하지만 만약 네가 지금 한국에 돌아온다면 평생 두고두고 후회할 수도 있단다."

엄마의 영어 이름보다 더 가치 있는 것이 코트 오른쪽 주머니에 들어 있는 거스름돈뿐이었던 그 상황에서 아버지의 말을 듣기란 어려웠다. 엄마는 전화를 끊고 호수를 향해 발걸음을 옮겼다. 그날은 혹독한 강추위에 햇빛이 거의 없는 시카고의 전형적인 겨울 날씨였다. 호수에서 불어오는 찬바람에 맞설 만큼 용감한 사람들은 거의 보이지 않았다. 엄마는 양손을 주머니에 넣고 호숫가 산책로를 걸으며, 다음 시험을 치르기 위해서 어떻게 돈을 벌어서 모을지 고민했다. 게다가 이미 시험에 실패한 상황에서 어떻게 통과할 수 있을지도 막막했다.

그러던 중 주변에 있던 한 사람이 천천히 눈에 들어왔다. 체구가 작고 나이 든 여자였다. 그분의 연약한 몸은 마치 추위에 굴복하듯 구부정해 있었다. 엄마는 오른쪽 주머니에 있는 단 몇 푼 되

지 않는 동전들을 꽉 움켜쥐고 어깨를 잔뜩 움츠린 채 발끝을 보며 호숫가 가장자리로 갔다. 그 여자가 돈을 달라고 부탁할 것 같아 피하고 싶은 마음이었다.

역시나 주름진 손이 엄마의 코 아래로 쓱 나타났다. 나이 든 여자는 피부는 깊게 주름지고 머리는 지저분해 보이는 회색빛이었지만 푸른 눈만은 맑고 예리했다. 가벼운 재킷만 걸치고 있었다. 여자는 "날씨가 너무 춥네요. 따뜻한 커피를 마시고 싶은데 혹시 1달러 있으세요?"라며 말을 건네 왔다.

엄마는 주머니 속에서 돌아다니는 동전들을 만지작거렸다. 마치 몇 분 전 전화 통화 속 아버지의 말씀을 손끝으로 느끼는 것처럼, 닳아버린 동전의 가장자리를 손으로 만져 보았다.

엄마는 주머니에서 손을 꺼내 추위로 이미 갈라지고 붉게 변한 그 여자의 손바닥에 동전들을 쏟아냈다. 혹독한 추위에 엄마가 다시 코트 주머니 안에 손을 집어넣으려던 순간, 그 여성이 엄마의 손을 낚아챘다. 그 여자의 손은 마치 얼음장처럼 차가웠다. 아름다운 푸른 눈동자를 가진 여자는 "감사합니다."라든지 "신의 축복이 있기를.", "좋은 하루 보내세요." 등의 말을 건네지 않았다. 대신 엄마가 결코 잊지 못할 말을 건넸다. 바로 엄마의 미국인 딸에게도 훗날 되풀이할 말을.

"너는 그 시험에 합격할 거야."

돌솥빵

🥣 : 1개
☆ : 낮음
🌿 : NF

재료
- 중력분 2½컵(350g)
- 설탕 1큰술
- 소금 1작은술
- 빠른 발효를 위한 인스턴트 이스트 ½작은술
- 따뜻한 물 1¼컵(300g)

*37℃-43℃ 사이

돌솥은 뚝배기라고도 불린다. 보통 밥, 찌개 등을 2-4인분 정도 담아낼 수 있는 작은 냄비인데, 납석이나 도자기 재질로 만들어져 음식의 온도를 오랫동안 따뜻하게 유지시켜 준다. 돌솥과 떼놓을 수 없는 조합에는 돌솥비빔밥이 있는데 지글거리는 소리와 함께 따뜻한 밥과 채소들을 비벼 먹는 맛이 일품이다. 이 돌솥을 이용해서 쉽고 간단하게 빵을 만들 수 있다. 이 레시피는 필요한 재료가 적고 반죽도 쉽다는 장점이 있다. 물론 돌솥이 없다면 일반적인 오븐으로도 대체 가능하다.

1. 큰 그릇에 중력분, 설탕, 소금, 이스트, 물을 넣고 나무 숟가락으로 섞어 반죽을 만든다. 손으로 부드럽게 반죽을 그릇에서 2-3분간 치댄다.

2. 반죽을 깨끗한 작업대 표면에 올리고, 그릇은 따뜻한 물로 헹궈낸 뒤 물기를 닦아 낸다. 그릇에 스프레이 오일을 뿌린다. 반죽을 그릇에 다시 넣고 랩이나 뚜껑으로 덮은 다음 반죽이 두 배 정도로 부풀어 오를 때까지 따뜻한 곳에서 1시간 정도 둔다.

3. 반죽을 두드려서 가스를 빼낸다. 반죽을 그릇 안에서 한 번 더 치댄 다음 공 모양으로 만든다. 만약 반죽이 끈적거리면, 손에 밀가루를 조금 묻혀서 반죽한다. 그릇을 랩이나 뚜껑으로 다시 덮고, 두 배 정도로 부풀어 오를 때까지 35-45분 정도 둔다.

4. 기다리는 동안 오븐을 약 200℃로 예열한다. 돌솥을 오븐에 넣고 함께 예열한다.

5. 반죽을 그릇에서 꺼내어 1분 정도 반죽한 다음 공 모양으로 만들어 유산지에 올려놓는다.
6. 뜨거운 돌솥을 조심히 오븐에서 꺼낸다. 반죽이 유산지 중앙에 오도록 놓고 유산지의 양 끝을 잡은 뒤, 반죽을 조심스럽게 돌솥에 올린다.
7. 돌솥의 뚜껑을 덮고 오븐에 넣어서 보기 좋은 갈색이 될 때까지 45-50분간 굽는다.

들깻잎 포카치아

🍚 : 8인분
☆ : 중간
🌿 : NF

재료
- 액티브 드라이 이스트 2¼작은술
- 설탕 1큰술
- 따뜻한 물 1컵(240g)
  *37℃-43℃ 사이
- 중력분 2½컵(350g)
- 소금 1작은술
- 엑스트라 버진 올리브 오일 ½컵(65g)
- 다진 마늘 2쪽
- 적당한 크기로 자른 들깻잎 3-4장
- 토핑용 작은 크기의 통들깻잎 3-4장
- 위에 뿌릴 굵은소금

어릴 적에는 할머니의 심부름으로 뒷마당에서 들깻잎을 종종 따오곤 했다. 집 뒤뜰의 비옥한 작은 땅 위에는 내 키만큼 길쭉한 들깨가 자라고 있었다. 얼굴만큼 커다란 들깻잎을 한 아름 따서 끌어안고 부엌으로 돌아올 때면 언제나 마음이 뿌듯했다. 들깻잎은 마당이 작은 도시 텃밭에서도 쉽게 키울 수 있다. 들깻잎은 참깨의 고소한 향과 부드러운 맛으로, 반찬 외에도 샐러드나 포카치아에 넣어서 만들면 색다른 맛을 느낄 수 있다.

1. 작은 그릇에 이스트, 설탕, 물을 넣고 섞어 반죽을 만든다. 반죽에 거품이 생길 때까지 약 10분 정도 놓아둔다.
2. 기다리는 동안 중간 크기의 그릇에 중력분, 소금, 올리브 오일 ¼컵, 마늘, 적당한 크기로 자른 들깻잎을 넣고 섞는다.
3. 이스트 반죽을 밀가루에 천천히 넣는다. 나무 숟가락 또는 젓가락으로 도우가 만들어질 때까지 섞는다. 손으로 부드럽게 반죽을 약 5분간 치댄다. 그릇 안에서 반죽하거나 밀가루를 뿌린 깨끗한 작업대 위에서 반죽한다.
4. 그릇은 따뜻한 물로 헹궈낸 뒤 물기를 닦아 낸다. 그릇에 스프레이 오일을 뿌린다. 반죽을 그릇에 다시 넣고 랩이나 뚜껑으로 덮은 다음 반죽이 두 배 정도로 부풀어 오를 때까지 1시간 정도 둔다. 도우를 눌러 가스를 빼낸다. 그릇을 랩이나 뚜껑으로 다시 덮고, 두 배 정도로 부풀어 오를 때까지 45분 정도 둔다.
5. 반죽을 두드려서 남은 가스를 빼낸다. 반죽을 한 번 더 치댄다. 나머지 올리브 오일 ¼컵을 중간 크기의 팬에 넣는다.

6. 기름칠한 팬에 반죽을 넣고, 양 손가락을 사용해서 팬 가장자리까지 반죽이 늘어지도록 펼쳐서 누른다. 반죽을 뒤집어서 이 과정을 반복하고, 손으로 꾹꾹 눌러 포카치아 고유의 움푹 들어간 모양을 만든다.
7. 그동안 오븐을 218℃로 예열한다.
8. 반죽을 구울 준비가 되면, 굵은소금을 넉넉히 뿌리고 통들깻잎 3-4장을 토핑으로 올린다. 오븐에 넣고 보기 좋은 갈색이 될 때까지 약 26분간 굽는다.

팥빵

팥빵은 단팥 앙금이 들어간 빵이다. 많이 달지 않은 팥과 탄탄한 식감이 조화로운 빵이다. 팥빵 위에 소금과 참깨를 살짝 뿌려 견과류의 단맛을 더해 먹는 것도 좋다.

🥣 : 2개
☆ : 중간
🌱 : NF

재료
- 따뜻한 물 1컵(240g)
  *37℃-43℃ 사이
- 따뜻한 식물성 우유 ½컵(120g)
  *37℃-43℃ 사이
- 추가용 식물성 우유 3큰술
- 설탕 1큰술
- 액티브 드라이 이스트 4작은술
- 강력분 4컵(560g)
- 소금 ½큰술
- 엑스트라 버진 올리브 오일 ⅓컵(43g)
- 팥(단팥) 3컵(927g)
- 메이플 시럽 1큰술
- 위에 뿌릴 굵은소금
- 볶은 참깨 1큰술

1. 작은 그릇에 물, 식물성 우유 ½컵, 설탕, 이스트를 섞어 반죽을 만든다. 반죽에 거품이 생길 때까지 약 10분간 놓아둔다.
2. 큰 그릇에 강력분, 소금, 올리브 오일을 넣고 섞는다. 이스트 반죽도 넣고 나무 숟가락으로 반죽이 만들어질 때까지 섞는다.
3. 반죽을 그릇에서 꺼내 밀가루를 뿌린 깨끗한 작업대 위에서 손으로 약 5분간 반죽을 치댄다. 반죽을 공 모양으로 만들어 중간 크기의 그릇에 넣고, 랩이나 뚜껑으로 덮은 후 반죽이 두 배 정도로 부풀어 오를 때까지 따뜻한 곳에서 약 1시간 동안 둔다.
4. 오븐을 200℃로 예열한다. 베이킹 시트 위에 유산지를 깔아둔다.
5. 반죽을 눌러서 가스를 빼낸다. 그리고 2분간 반죽을 빚은 다음 공 모양으로 만든다. 반죽을 2등분한다. 반죽 한 개는 다시 그릇에 넣은 뒤 뚜껑을 덮는다.
6. 첫 번째 반죽을 3등분한다. 밀가루를 뿌린 깨끗한 작업대 표면 위에서 밀대로 반죽을 각각 25×17cm 직사각형으로 만든다. 긴 변이 자신을 향하도록 반죽을 가로로 둔다.
7. 반죽 위에 팥 ½컵을 올려서 숟가락 뒷면이나 오프셋 스패

출러를 사용하여 빵에 땅콩버터를 바르듯이 반죽 위에 고르게 펴 바른다. 가장자리를 따라 1.3cm 정도의 여백을 남겨 둔다.

8. 길이가 긴 쪽에서부터 반죽을 롤처럼 말고 모서리와 끝을 꼬집어 닫아준다. 3등분한 반죽들이 모두 팥을 넣은 로프 형태가 될 때까지 같은 과정을 반복한다. 각각의 로프에 팥 1/2컵씩 사용한다.

9. 팥을 넣은 로프 세 개를 베이킹 시트 위에 나란히 놓는다. 이렇게 하면, 오븐에 넣기 전에 도우를 옮길 필요가 없다. 위쪽 끝을 모아 꼬집듯이 눌러서 서로 붙여 준다. 그런 다음 왼쪽 로프를 가운데 로프 위로, 오른쪽 로프를 가운데 로프 위로 올리며 부드럽게 아래 끝까지 꼬아 준다. 끝은 꼬집듯이 막아 준다. 꼬아 둔 반죽은 키친타월로 덮어 둔다.

10. 두 번째 반죽도 6단계에서 9단계까지의 과정을 반복하여 두 번째 빵을 만든다.

11. 두 번째 빵을 키친타월로 덮고 10분간 둔다. 두 번째 빵의 모양을 만드는 동안 첫 번째 빵은 이미 발효되어 있을 것이다.

12. 한편 작은 그릇에 남은 식물성 우유 3큰술과 메이플 시럽을 섞는다.

13. 우유와 메이플 시럽 혼합물을 빵 표면에 바르고, 빵에 굵은소금과 참깨를 뿌린다.

14. 베이킹 시트를 오븐에 넣고 보기 좋은 갈색이 될 때까지 약 50분간 굽는다. 빵을 오븐에서 꺼내고 식힘망에서 약 15분간 식힌다.

김과 참깨를 뿌린 베이글

빵을 직접 만들기 시작하면서 포카치아를 만들었을 때 이모는 김이랑 같이 먹으면 좋겠다고 했다. 바로 김을 조금 넣어서 베이글을 만들어 보았고, 이제는 이모가 놀러 오실 때마다 이 베이글은 반드시 구워야 하는 메뉴가 되었다.

🥣 : 8개
☆ : 중간
🌿 : NF

재료
- 따뜻한 물 1⅓컵(315g)
  *37℃-43℃ 사이
- 액티브 드라이 이스트 2¼작은술
- 설탕 1큰술
- 강력분 3½컵(480g)
- 보리 몰트 가루 또는 흑설탕 1큰술
- 고운 소금 2작은술
- 반으로 자른 구운 김 1장
- 메이플 시럽 또는 현미 조청 1큰술
- 식물성 우유 1큰술
  *견과류 우유를 추천한다.
- 엑스트라 버진 올리브 오일 2큰술
- 볶은 참깨 1큰술
- 토핑용 굵은소금 1큰술

1. 작은 그릇에 물, 이스트, 설탕을 섞어 반죽을 만든다. 반죽에 거품이 생길 때까지 약 10분간 놓아둔다.
2. 스탠드 믹서에 훅을 장착하고 강력분, 보리 몰트 가루, 고운 소금을 넣고, 저속으로 섞는다. 여기에 이스트 혼합물을 천천히 넣고, 반죽이 만들어질 때까지 믹서로 계속 섞는다.
3. 중저속에서 약 4분간 반죽을 치댄다. 그리고 다시 고속으로 4분간 반죽을 돌린다. 반죽을 믹서에서 꺼낸다. 이때 반죽은 꽤 단단하고 건조한 형태다.
4. 밀가루를 뿌린 깨끗한 작업대 위에서 반죽을 약 2분간 굴려서 부드러운 공 모양으로 만든다. 반죽을 깨끗한 그릇에 넣고, 랩이나 뚜껑으로 덮는다. 약 1-1.5시간 동안 반죽이 두 배 정도로 부풀어 오를 때까지 차고 건조한 곳에 둔다.
5. 반죽을 눌러서 가스를 빼낸다. 주방 가위로 김을 길고 가느다란 모양으로 자른다. 자른 김 절반은 토핑으로 사용하고 나머지 절반은 베이글 도우 위에 뿌릴 예정이다. 밀가루를 뿌린 깨끗한 작업대 위에서 반죽을 치대어 김을 섞고 공 모양으로 반죽한다. 반죽을 다시 그릇에 넣고 뚜껑을 덮은 뒤 반죽이 두 배 정도로 부풀어 오를 때까지 약 45분간 둔다.
6. 오븐을 232℃로 예열한다.

7. 반죽을 공 모양으로 만든다. 반죽을 8등분한다. 한 덩이씩 작업하도록 하며, 그동안 나머지 반죽은 그릇에 넣고 뚜껑을 덮어 마르지 않도록 한다. 한 덩이 반죽을 공 모양으로 만들고, 엄지와 검지 또는 중지로 반죽 중앙을 꼬집는다. 반죽 중앙에 약 2.5cm의 지름이 만들어질 때까지 부드럽게 늘린다. 구멍이 너무 크게 보일 수 있지만, 베이글이 오븐에서 구워지는 동안 줄어든다. 남은 반죽들도 같은 과정을 반복한다. 반죽을 베이킹 시트에 올리고, 마른 키친타월로 덮은 뒤 15분간 둔다.

8. 큰 냄비에 물 8컵과 메이플 시럽을 넣고 강불에서 끓인다. 베이글을 끓는 물에 넣고 살짝 데친다. 이때 반죽을 냄비에 가득 넣지 않도록 주의한다. 베이글 양에 따라 여러 번 나눠서 해야 할 수도 있다. 베이글을 앞뒤 각각 1분씩 익힌다. 익은 베이글은 물에서 건져 베이킹 시트에 올려둔다.

9. 작은 그릇에 식물성 우유와 올리브 오일 1큰술을 넣고 섞는다. 다른 작은 그릇에 참깨, 김 자른 것 나머지 절반과 올리브 오일 1큰술을 넣고 섞는다.

10. 우유 혼합물을 베이글 위에 바르고 참깨와 김을 섞은 고명을 뿌린다. 굵은소금을 뿌려 마무리한다.

11. 베이글을 오븐에 넣고 단단하고 보기 좋은 갈색이 될 때까지 약 13분간 굽는다. 다 구운 베이글은 약 5분간 식힌 뒤 먹는다.

우유 식빵

🥣 : 1개
☆ : 중간
🌿 : NF

탕종 재료
- 강력분 ⅕컵(24g)

반죽 재료
- 강력분 2¾컵(383g)
- 설탕 ⅕컵(40g)
- 두유 가루 2¾작은술(7g)
- 빠른 발효를 위한 인스턴트 이스트 2¼작은술(7g)
- 소금 1½작은술(8g)
- 베이킹파우더 ¾작은술(3g)
- 식물성 우유 ⅓컵(72g)
- 아쿠아파바(병아리콩물) 5큰술(33g)
- 비건 버터 2⅓큰술(33g)

글레이즈 재료
- 식물성 우유 3큰술
- 메이플 시럽 1큰술

비건이 되기 전에 가장 즐겨 찾던 곳이 바로 한국 빵집이었다. 한국 빵집은 미국의 빵집들과는 다르다. 가게에 들어서면 가장 먼저 빵, 과자, 케이크, 쿠키 등 다양한 먹거리들이 가지런히 진열된 작은 코너들이 눈에 띈다. 한국 빵집에서는 다른 곳에서는 찾아볼 수 없는 빵들을 볼 수 있다. 예를 들면 우유 식빵이다. 우유 식빵은 이름에서 알 수 있듯이 우유를 넉넉하게 넣어 부드럽고 쫄깃한 질감이 특징이다. 이 레시피에서는 두유(다른 식물성 우유도 대체 가능)와 두유 가루를 사용해 고유의 풍미를 간직하면서, 아쿠아파바(병아리콩물)를 사용해 탄력 있는 우유 식빵을 만들었다. 우유 식빵 레시피의 특징 중 하나가 바로 발효 첫 단계에서 '탕종'을 사용한다는 것이다. 탕종은 따뜻한 물과 밀가루를 약불에서 섞어 만든 혼합물이다. 이것을 빵 반죽에 넣으면 밀가루가 더 많은 물을 머금어서 일반적인 식빵보다 더 부드럽고 촉촉함이 오래간다.

1. **탕종 준비하기**: 냄비에 강력분과 물 ½컵(118g)을 넣어 섞는다. 중약불에서 실리콘 주걱으로 젓는다. 덩어리가 없이 매끄럽게 섞일 때까지 약 10분간 계속 젓는다. 불에서 내려 용기에 담고 냉장고에서 최소 3시간 최대 24시간 동안 둔다. 사용하기 1시간 전에 냉장고에서 꺼내 실온에 둔다.
2. **반죽 만들기**: 스탠드 믹서에 훅을 장착하고 여기에 강력분, 설탕, 두유 가루, 이스트, 소금, 베이킹파우더를 넣는다. 저속에서 덩어리가 생기지 않도록 섞는다. 먼저 만들어 둔 탕종, 식물성 우유, 아쿠아파바를 넣고 중속으로 반죽이 만들어질 때까지 약 2분간 섞는다.

3. 비건 버터를 넣고 강속에서 10-12분간 더 섞는다. 반죽은 매끄럽고 탄력이 있으면서도 약간 끈적한 상태가 잘된 것이다.

4. 반죽을 공 모양으로 만든다. 장갑을 끼거나 손에 밀가루를 묻히면 반죽하기가 편하다. 그리고 스프레이 오일을 뿌리거나 비건 버터를 바른 그릇에 넣는다. 그릇을 뚜껑이나 랩으로 덮고 따뜻한 곳에 두어 반죽이 두 배 정도로로 부풀어 오를 때까지 기다린다. 약 1시간에서 1시간 반 정도 소요된다. 검지로 반죽을 눌렀을 때 깔끔한 모양의 구멍이 생기고 모양이 되돌아오지 않아야 한다.

5. 반죽을 눌러서 가스를 빼낸다. 반죽을 3등분한다. 한 덩이씩 작업하도록 하며, 그동안 나머지 반죽은 수건이나 랩을 씌워서 마르지 않도록 한다. 밀가루를 뿌린 깨끗한 작업대 위에 반죽을 부드럽게 눌러 접은 뒤 반대편으로 넘기고, 다시 반으로 접는다. 그런 다음 양손으로 반죽을 최대한 부드럽게 빚어서 단단한 공 모양으로 만든다. 남은 반죽들도 같은 과정을 반복하고 수건을 덮은 뒤 반죽이 두 배 정도로 부풀어 오르기 전까지 약 15-20분간 둔다.

6. 길쭉한 빵틀에 기름을 가볍게 바른다. 다시 반죽 한 조각을 밀대를 사용하여 타원 모양으로 펴준다. 짧은 변이 자신을 향하도록 반죽을 세로로 둔다. 반죽 윗부분을 타원형 중앙으로 오도록 접는다. 하단 부분을 접어 상단 부분과 겹치게 하여 편지 봉투처럼 3단으로 접는다. 양끝을 손바닥 아래로 꾹꾹 눌러 준다.

7. 3단으로 접은 반죽 전체를 시계 방향으로 90도 회전시킨다. 아래쪽 가장자리부터 시작해서 두꺼운 원통 모양으로

반죽을 말아 올린다. 이음매는 손으로 꼼꼼하게 붙인다. 그리고 기름을 발라 둔 빵틀에 반죽을 조심스럽게 올려놓는다. 남은 반죽 두 개도 같은 방법으로 반복해 준다. 빵틀을 키친타월로 덮고 반죽이 빵틀 가장자리 위쪽으로 솟아오를 때까지 약 40분간 기다린다. 너무 오래 두지 않도록 주의한다. 글레이징과 베이킹을 시작할 즈음 반죽을 만졌을 때 흐트러지지 않고 단단한 모양을 유지해야 한다.

8. 그동안 오븐을 180℃로 예열한다.

9. 글레이즈 만들기: 작은 그릇에 식물성 우유와 메이플 시럽을 섞어 글레이징 재료를 만든다. 반죽의 발효가 끝나면 반죽 표면에 윤기가 나도록 부드럽게 바른다.

10. 반죽 세 덩이를 모두 오븐에 넣고 윗부분이 보기 좋은 갈색이 될 때까지 약 45분간 굽는다. 빵을 오븐에서 꺼내 약 15분간 식힌다. 오프셋 스패출러를 사용해 빵을 빵틀에서 조심스럽게 꺼내고 식힘망에서 완전히 식힌다.

chef's tip

이 레시피는 정확한 계량을 사용하였다. 이를 위해 저울을 사용할 것을 권장한다.

3.
식탁 위의 오케스트라,
반찬

한국 식사의 대표적인 특징 중 하나는 반찬의 가짓수다. 기본적으로 밥을 제외한 거의 모든 것이 '반찬'이라고 볼 수 있는데, 왜냐하면 밥이 대부분의 한국 식사의 중심이기 때문이다. 밥은 보통 반찬들과 함께 제공되는데, 김치찌개나 불고기와 같이 풍성한 메인 요리 형태의 반찬들이 다양하게 차려진다. 한국인의 식탁에서 반찬 가짓수가 세 개 이하인 경우는 거의 드물다. 반찬을 여러 가지 만드는 것은 당연히 쉽지 않은 일이다. 보통 간단히 몇 가지 재료들만 필요하지만, 세 가지 이상의 반찬들을 생각해 내려면 상당한 시간이 걸린다. 엄마는 종종 "네가 미리 말을 안 하고 오는 바람에, 아무것도 준비해 둔 게 없어."라고 이야기하곤 하신다. 물론, 여유로운 일요일에는 한 번에 여러 가지 반찬을 만들어 볼 수도 있다. 하지만 대부분 미리 준비해 두지 않고 식사 전에 차례대로 준비한다. 그렇다면 어떻게 음식을 오랫동안 보관할 수 있을까? 실제로 대부분의 한식 반찬들은 절인 음식이며, 이 중 일부는 김치처럼 어느 정도 시간이 지난 후에 먹는 것들도 있다. 대부분의 한식당에서는 메뉴에 있는 음식들을 주문하면 추가 비용 없이 다양한 반찬들이 식사 가격에 포함돼서 나온다. 그러나 면 종류 음식은 김치 정도의 반찬만 소량 제공되곤 한다. 소량 제공되는 반찬들이 양이 적다고만 생각하면 안 된다. 양은 적어도 풍미가 뛰어나고, 그 수가 많아서 준비하는 데만 긴 시간이 걸릴 수도 있다.

엄마의 삶을 지탱해 준 최고의 음식

　엄마가 1살이 되었을 무렵, 가족들과 함께 38선을 넘어온 후 한국의 남쪽 끝자락에 있는 전라남도 석봉리에 정착하였다. 가족들은 그곳에서 '한국 전쟁 난민'이라고 불렸다. 그렇게 불린 사람들은 집이 없었다. 할아버지와 할머니는 이웃집들을 돌아다니며 음식과 하룻밤 지낼 수 있는 자리를 구걸했다. 운이 좋을 때는 수확이 끝난 밭에서 남은 채소를 찾아 묽은 죽에 넣어 먹었다.

　마침내 할아버지는 동네 중학교에서 청소부 일자리를 얻을 수 있었다. 할아버지는 손재주가 좋았다. 엄마를 위해 연을 만들고 이웃 아이들을 위해 장난감을 깎았다. 하지만 가족은 언제나 가난했다.

　그렇다 하더라도 엄마는 어린 시절을 나쁘게 기억하지 않는다. 전쟁과 빈곤이 삶에 미친 영향력은 컸지만, 덥고 긴 여름에 산마루를 따라 직접 따온 신선한 열매의 맛에도 커다란 힘이 있었다. 밤하늘의 무성한 별들 아래 타오르는 불길 위에서 보리를 볶는 냄새도 그러했다. 그러나 이 중에서도 엄마가 가장 좋아하는 것은 언제나 고구마였다.

　"고구마를 먹을 때마다 어린 시절이 생각 나." 엄마는 어느 날 오븐에서 고구마를 꺼내며 옛 추억을 떠올렸다. 엄마는 우리 집에 거의 오진 않지만, 내가 몸이 아플 때면 언제나 뭇국을 한 솥 가득 끓여서 가지고 오겠다고 한다. 지금까지도 엄마가 만들어 주는 국

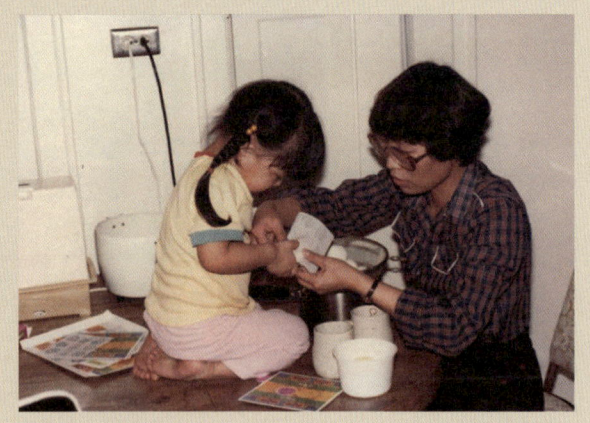

은 모든 병을 낫게 하는 만병통치약이다. 간호사로서 엄마가 어색한 '사랑'이라는 말 대신 애정과 보살핌을 표현하는 방법이다.

"왜?"라고 묻는 나의 말에, 엄마는 찐득한 고구마 조각을 들어 보이며 말했다. "왜냐하면 이게 최고의 음식이었어." '최고의 음식'이란 무엇일까. 나의 최고의 음식 목록에는 감자튀김, 피자, 도넛이 포함되어 있었지만 고구마는 포함되지 않았다.

"피난 생활을 할 때……" 엄마는 고구마를 입에 넣으며 대답했다. 그러고는 또 다른 조각의 끈적한 껍질을 전문가처럼 능숙하게 벗겨냈다. "잠깐, 남한에 도착했을 때?" 내가 물었다. 나는 엄마의 어린 시절에 대해서는 실제로 거의 알지 못한다는 것을 깨달았다. 수년 동안 엿들은 일부 대화를 제외하고는, 알고 있다고 생각한 대부분의 것들은 위키백과와 신화 사이 그 중간 어디쯤에 있었다. 엄마가 북한을 탈출한 직후 어떤 생활을 했는지 처음으로 내게 들려준 순간이었다.

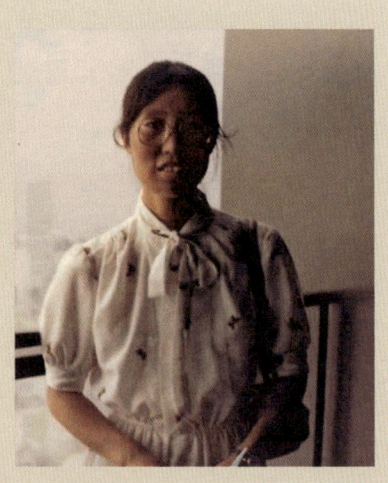

엄마는 입안 가득 고구마를 머금은 채 이야기했다. "우린 아무것도 없었어. 그래서 마을 사람들이 고구마를 수확하고 남은 것들을 주었어. 우리는 그걸 먹곤 했어." 엄마는 손가락에 묻은 고구마를 빨면서 말을 끝냈다. 그리고 나를 바라보지 않은 채 아무렇지도 않게 설명하는 엄마의 모습을 보면서, 엄마의 말이 진짜라고 생각했다. "그러고 나서 들판으로 달려가 뭐라도 찾으려고 땅을 팠어. 작은 고구마 조각이라도 찾으려고 말이야. 그 시절엔 그렇게 살아갔어." 엄마는 잠시 말을 멈추고 나를 바라봤다. "그래서 퇴직하면 그 마을을 위해 일하고 싶어."

빈대떡

🥣 : 8-10인분
☆ : 낮음
🌱 : GFO, NF

재료
- 말리고 껍질을 제거한 녹두 2컵
- 숙주 1컵
- 배추김치 1컵 p.119
- 5-6cm 길이로 썬 대파 8-10대
- 얇게 슬라이스한 마늘 3-4쪽
- 줄기는 제거하고 갓만 얇게 슬라이스한 생표고버섯 5-6개
- 간장 2작은술
- 참기름 1큰술
- 소금 ½작은술
- 후추 1작은술
- 식물성 계란 대체 식품 JUST Egg 또는 아쿠아파바 2큰술
- 김치 국물 2큰술
- 엑스트라 버진 올리브 오일 2큰술
- 찍어 먹을 수 있는 매콤한 간장 드레싱 p.51

빈대떡은 항상 먹으며 자란 음식이었어서 당연하게 여기곤 했다. 그러다 엄마의 요리를 자주 먹지 못했던 대학교 시절, 학교 근처 식당이나 동네 한인 마트의 즉석식품 코너에서 빈대떡을 발견하면 기쁘고 설렜다. 빈대떡이 다른 부침개와 다른 점은 바로 식감이다. 빈대떡은 밀가루가 아니라 녹두를 넣어 만들기 때문에 식감이 부드럽지는 않고 오히려 감자전의 식감과 가깝다. 말리고 껍질을 벗긴 녹두는 시중에서도 구입할 수 있다. 녹두는 부드러워질 때까지 물에 불려서 되직한 질감의 반죽으로 만든다.

1. 말리고 껍질을 제거한 녹두는 부드러워질 때까지 약 4시간 동안 찬물에 불린다. 물을 따라버리고 잠시 옆에 둔다.
2. 녹두를 불리는 동안, 냄비에 물을 끓이고 숙주를 약 1-2분간 데친 뒤 찬물로 헹군다. 숙주를 그릇에 넣고 김치(김치 국물 없이), 대파, 마늘, 표고버섯, 간장, 참기름을 넣고 약 30분간 두어 양념이 배어들도록 한다. 이때 4시간은 넘기지 않는다.
3. 블렌더에 녹두, 소금, 후추, 계란 대체 식품, 김치 국물, 물 약 1컵을 넣고 연한 주황색 거품이 생길 때까지 섞는다. 만약 블렌더가 준비한 녹두를 한 번에 넣을 만큼 크지 않다면 여러 번 나눠서 섞는다.
4. 블렌더로 간 녹두 반죽을 큰 그릇에 넣고 양념이 밴 숙주 절반을 반죽에 넣고 섞는다.
5. 코팅된 프라이팬에 올리브 오일 1큰술을 넣고 중불에서 달군다. 양념이 밴 숙주 나머지와 김치 한 줄기, 대파 4-5조

각, 마늘과 버섯 몇 조각을 팬 위에 펼쳐 놓는다. 그런 다음 녹두 반죽 3-4큰술을 팬에 올려진 채소 위에 두른다. 빈대떡 양면이 모두 보기 좋은 갈색이 될 때까지 익힌다. 필요하면 올리브 오일을 추가로 두르고, 나머지 빈대떡을 부친다.
6. 매콤한 간장 드레싱을 곁들여 먹는다.

케일 무침

한국인의 식탁에 주로 등장하는 반찬 중에는 바로 시금치 무침이 있다. 시금치를 살짝 데친 후 된장과 참기름을 넣어 만든다. 간단하면서도 영양가가 높고 맛있다. 그런데 나는 사실 시금치를 별로 좋아하지 않는다. 뜨거운 물에 데쳐도 모양이 흐트러지지 않는 좀 더 단단한 초록색 채소인 케일을 사용해서 케일 무침을 만들어 보았다.

- 🍚 : 4인분
- ☆ : 낮음
- 🌿 : GFO, NF

재료
- 적당한 크기로 썬 케일 2컵 chef's tip
- 된장 1큰술 p.27
- 후추 ½작은술
- 참기름 1큰술
- 참깨 1큰술

1. 큰 그릇에 얼음과 물을 준비해 둔다. 큰 냄비에 물을 4컵 넣고 끓인다. 케일을 끓는 물에 2분간 데친다. 데친 케일을 얼음물에 담가서 마무리한다.
2. 케일을 건지고 키친타월로 물기를 제거한다. 이 과정은 번거롭지만 꼭 필요하다.
3. 케일을 그릇에 담고 된장, 후추, 참기름, 참깨를 넣어 잘 버무린다. 손으로 양념을 버무리는 것이 가장 좋다.

chef's tip

케일을 요리할 때는 줄기에 섬유질이 많이 포함되어 있어서 줄기를 즐겨 사용한다. 하지만 고른 식감을 원한다면 이 레시피에서는 케일잎만 사용해도 좋다.

구운 된장 양파

소량의 오일과 소금, 후추를 뿌린 후 오븐에서 약 40분 정도 구워 낸 양파는 정말 바삭한 양파링처럼 맛있다. 양파에 한국의 된장을 발라 보면 어떨까 생각했고, 덕분에 이 멋진 된장 양파 요리가 탄생했다. 샐러드나 샌드위치 위에 올려서 먹어도 맛있다.

- : 8-12인분
- ☆ : 낮음
- : GFO, NF

재료
- 고리 모양으로 슬라이스한 큰 양파 2개
- 소금과 후추
- 엑스트라 버진 올리브 오일 2큰술
- 된장 2큰술 p.27
- 화이트 와인 식초 1작은술

1. 오븐을 245°C로 예열한다. 베이킹 시트 위에 유산지를 깔아 둔다.
2. 큰 그릇에 양파를 넣고 소금과 후추로 양념한다.
3. 작은 그릇에 올리브 오일, 된장, 식초를 부드럽게 섞는다. 큰 그릇의 양파에 드레싱을 넣고 손이나 큰 숟가락으로 양파에 골고루 드레싱이 버무려지도록 섞는다.
4. 베이킹 시트 위에 양파를 올린다. 너무 많은 양파를 올리지 않도록 주의하고, 필요하다면 베이킹 시트를 여러 장 사용한다.
5. 양파를 오븐에 넣고 25분간 굽는다. 양파를 뒤집고 보기 좋은 갈색이 될 때까지 10-15분간 더 굽는다.

호박전

- 🍚 : 4인분
- ☆ : 낮음
- 🌱 : GF, NFO

재료
- 소금 2작은술
- 슬라이스한 애호박 2개
- 식물성 우유 ½컵
- 화이트 와인 식초 또는 사과 식초 1큰술
- 살짝 간 후추 ½작은술
- 감자 전분 ½컵
- 간 강황 1작은술
- 엑스트라 버진 올리브 오일 1-2큰술
- 찍어 먹을 수 있는 매콤한 간장 드레싱 p.51

한여름이면 어린 시절 우리 집 뒷마당에 있는 할머니의 텃밭에는 호박이 가득 자라 있었다. 어떤 것은 공처럼 둥글둥글하고, 어떤 것은 애호박처럼 길쭉했다. 한국 호박의 가장 큰 특징은 특유의 색감이다. 거의 형광색에 가까운 밝은 초록색은 무척 인상적이다. 한국 호박은 수분이 적기 때문에, 더위에 강하고 쉽게 퍼석해지지 않는다. 호박전은 비빔밥, 샐러드 또는 그 자체로도 즐겨 먹을 수 있는 간단한 건강식이다.

1. 소금 1작은술을 슬라이스한 애호박 양면에 뿌린 뒤 키친타월 위에 15분간 둔다. 애호박을 뒤집어서 다시 15분간 둔다. 이 과정에서 애호박에서 나오는 물기를 조리하기 전에 키친타월로 가볍게 두드려 제거한다.
2. 작은 그릇에 식물성 우유와 식초를 섞어 비건 버터밀크를 준비한다.
3. 얕은 그릇에 후추, 감자 전분, 강황, 그리고 남은 소금 1작은술을 섞는다.
4. 슬라이스한 애호박을 비건 버터밀크에 담근 후 감자 전분 혼합물을 묻힌다. 과도한 감자 전분은 살짝 털어 내고 애호박을 그릇에 올려 둔다.
5. 코팅된 프라이팬에 올리브 오일을 두르고 중강불에서 달군다. 기름이 뜨거워지면 애호박을 한 겹씩 깔아 부친다. 애호박의 양에 따라 여러 번 나눠서 부치고 필요하면 올리브 오일을 추가로 두른다. 양면이 모두 보기 좋은 갈색이 될 때까지 익힌다. 매콤한 간장 드레싱을 곁들여 먹는다.

노루궁뎅이버섯조림

🥣 : 4-6인분
☆ : 낮음
🌱 : GFO, NF

재료
- 노루궁뎅이버섯 3개
- 엑스트라 버진 올리브 오일 2큰술
- 가늘게 채 썬 양파 ½개
- 흰 부분만 다진 대파 2대
- 얇게 슬라이스한 마늘 7쪽
- 크게 썬 청양고추 2-3개
- 후추 ½작은술
- 간장 4큰술
- 국간장 2큰술
- 메이플 시럽 3큰술
- 미림 3큰술
- 버섯 다시 ½컵 p.41 또는 물

식당에서 노루궁뎅이버섯을 처음 알게 되었을 때 고기처럼 보이는 덩어리들이 국에 있길래 직원에게 도로 가져가 달라고 했는데, 직원이 "그건 버섯이에요!"라고 설명해 주었고 나는 깜짝 놀랐다. 그다음 날, 농산물 시장에 갔고 뭉툭하게 생긴 이 노루궁뎅이버섯을 찾을 수 있었다. 집으로 돌아와 한국 반찬인 장조림처럼 이 버섯을 조림 방식으로 요리해 보았다. 장조림의 가장 좋은 점은 고기가 풀어져 결이 부드럽게 찢어진다는 것인데, 이 노루궁뎅이버섯도 마찬가지다.

1. 노루궁뎅이버섯을 적당한 크기로 자른다. 프라이팬에 올리브 오일을 두르고 중강불에서 달군다. 기름이 뜨거워지면 버섯들을 넣고 양면을 각각 2-3분씩 노릇하게 굽는다.
2. 양파, 대파, 마늘, 청양고추를 넣고 버섯과 함께 볶는다. 양파가 부드러워지도록 약 2분간 볶는다. 후추로 마무리한다.
3. 간장 두 종류, 메이플 시럽, 미림을 팬에 굴려서 글레이즈한다. 버섯 다시를 넣어 끓인다. 불을 낮추고 조림 안의 버섯이 거의 부서질 때까지 2-3분간 끓인다.

숙주나물 당면 볶음

🥣 : 2인분
☆ : 낮음
🌿 : GFO, NF

재료
- 당면 70g
- 엑스트라 버진 올리브 오일 2큰술
- 참기름 1큰술+1작은술
- 가늘게 채 썬 양파 ½개
- 다진 마늘 3쪽
- 숙주 3컵
- 소금 ½작은술
- 후추 ½작은술
- 고춧가루 1큰술
- 간장 2큰술
- 쌀식초 1큰술
- 메이플 시럽 1작은술

예전에는 '새싹' 채소를 좋아하지 않았다. 샐러드나 샌드위치에 있으면 꼭 빼서 먹었고 특유의 매력을 느끼지 못했다. 숙주는 마치 '새싹'과 같은 맛이 났다. 그런데 한국 드라마 〈이태원 클라쓰〉를 보면서 어린 시절 '나물'을 먹고 자랐다는 것을 알게 되었다. 한국 요리의 나물은 서양 요리에서의 새싹 채소와는 다르다. 이제는 숙주나물과 콩나물을 즐겨 먹는다. 맛있을 뿐만 아니라 만들기도 간단하다.

1. 큰 그릇에 따뜻한 물을 넣고 당면을 불리는 동안, 냄비에 물 4컵을 넣고 끓인다. 물이 끓으면 당면을 넣고 쫄깃해질 때까지 약 8분간 익힌다. 체로 당면을 건져서 찬물로 헹군 후 만져서 뜨겁지 않을 때까지 찬물을 틀어 놓는다. 당면은 따로 놓아둔다.

2. 코팅된 프라이팬에 올리브 오일과 참기름 1큰술을 두르고 중강불에서 달군다. 기름이 뜨거워지면 양파와 마늘을 넣어 볶고, 양파가 투명해지고 마늘이 보기 좋은 갈색이 될 때까지 약 2-3분간 볶는다.

3. 숙주, 소금, 후추를 넣고 계속해서 3-4분간 볶는다.

4. 고춧가루, 간장, 식초, 메이플 시럽을 넣는다. 채소에 고르게 버무려지도록 볶는다. 뚜껑을 덮고 불을 줄여서 2분간 더 조리한다.

5. 뚜껑을 열고 익힌 당면을 넣는다. 당면이 완전히 섞일 때까지 젓는다. 식탁에 올리기 전에 참기름 나머지 1작은술을 넣어 버무린다.

블랙베리 드레싱을 곁들인 도토리묵

◠ : 4인분
☆ : 낮음
🌿 : GFO

묵 재료
- 도토리 가루 ½컵

드레싱 재료
- 냉동 블랙베리 또는 생블랙베리 ¼컵
- 물 또는 신선한 레몬즙 1큰술
- 매콤한 간장 드레싱 4-5큰술 p.51
  *선택 사항

샐러드 재료
- 가늘게 채 썬 들깻잎 3장
- 가늘게 채 썬 당근 ¼컵
- 가늘게 채 썬 오이 ¼컵
- 가늘게 채 썬 적양파 ¼컵
- 잘게 썬 대파 1대
- 작은 크기로 썬 배추김치 ¼컵 p.119
- 생블랙베리 ¼컵
- 작은 크기로 자른 구운 김 1장

고명용 재료
- 고명용 실고추 1작은술 chef's tip
- 참기름 1작은술
- 참깨 1큰술

할머니는 도토리묵을 좋아하셨다. 할머니의 주방 곳곳의 빈 공간과 창틀 사이에 도토리묵이 한가득 담긴 쟁반들이 놓인 것을 볼 수 있었다. 다른 할머니들이 갓 구운 사과파이를 식히기 위해 창문 위에 올려 두는 것처럼, 할머니는 도토리묵을 쑤어서 창가에 놓아두었다. 할머니의 도토리묵에는 사랑과 정성이 담겨 있었다. 할머니는 도토리 과육을 직접 찧고 갈아서 탄닌을 제거하고 옛 방식대로 묵을 쑤었다. 다행히 우리는 마트에서 이미 갈아 놓은 도토리 가루를 쉽게 구할 수 있다. 도토리 가루가 있다면 물만 붓고 끓이면 된다.

1. 묵 만들기: 사각형 프라이팬에 두 장의 유산지를 네 테두리 모두 늘어지도록 깐다.
2. 냄비에 도토리 가루와 물 3컵을 섞는다. 중강불에서 나무 젓가락으로 저어 가며 끓인다. 끓기 시작하면 불을 줄인다. 덩어리가 생기지 않도록 주의하며 묵이 두툼해질 때까지 9-12분간 계속 저어 주며 끓인다.
3. 내용물을 유산지가 깔린 사각형 프라이팬에 붓고, 실온에서 약 1시간 동안 식힌다. 완전히 응고되어 젤리 형태가 되도록 냉장고에 4시간 이상 둔다.
4. 드레싱 만들기: 냄비에 블랙베리와 물을 넣고 중강불에서 끓인다. 불을 줄이고 15분간 끓인 후, 체로 거른다. 취향에 따라 매콤한 간장 드레싱을 넣고 섞는다.

5. 도토리묵이 담겨 있는 프라이팬을 도마 위에 뒤집어 도토리묵을 꺼낸다. 묵을 원하는 크기와 모양으로 자른다. 그릇 4개에 도토리묵을 나누어 담는다.

6. **샐러드 만들기**: 다른 그릇에 들깻잎, 당근, 오이, 적양파, 대파, 김치, 블랙베리, 그리고 김을 섞는다.

7. 샐러드를 도토리묵 위에 올리고 만들어 둔 드레싱을 뿌린다. 실고추, 참기름, 그리고 참깨로 장식한다.

chef's tip

실고추는 이름에서 알 수 있듯이 매우 얇게 채로 썰어 말린 고추다. 마지막에 장식용으로 올려 마무리하면 보기에도 좋을 뿐만 아니라 맛도 좋다.

계란말이

⌒ : 1인분
☆ : 중간
🌱 : GF, NF

재료
- 식물성 계란 대체 식품 JUST Egg 1컵
- 소금 ½작은술
- 검은 소금 1꼬집 chef's tip
  *선택 사항
- 후추 ½작은술
- 다진 대파 1대
- 잘게 다진 빨간색 파프리카 2큰술
- 잘게 다진 적양파 2큰술
- 엑스트라 버진 올리브 오일 1큰술

어릴 때는 계란을 그다지 좋아하지 않았다. 푹 익힌 삶은 계란이나 가장자리가 검게 탄 계란프라이 정도만 먹었다. 그러나 한 번씩 엄마나 할머니가 김밥을 만들고 남은 계란 조각을 먹으면 맛있게 느껴졌다. 비건이 되기 전까지는 가끔 엄마가 계란말이를 만들어 주곤 했다. 지금 생각해 보면 계란말이 자체보다는 그 음식이 주는 위안이 그리웠다. 하지만 최근 몇 년간 비건 재료가 많이 발전하면서 엄마는 다시 한번 나에게 기운을 주는 계란말이를 만들어 줄 수 있게 되었다.

1. 작은 그릇이나 입구가 있는 계량컵에 계란 대체 식품, 소금, 검은 소금(사용한다면), 후추, 대파, 파프리카, 적양파를 넣고 포크나 작은 거품기로 휘젓는다.
2. 코팅되어 있는 프라이팬에 올리브 오일 ½큰술을 두르고 중강불에서 달군다. 천천히 계란물 절반을 넣어 팬 가장자리에 닿도록 한다. 가장자리가 벗겨지고 반죽에 거품이 생기면 실리콘 스패출러로 가장자리를 떼어 낸다. 팬을 부드럽게 흔들어 팬에서 분리할 수도 있다.
3. 스패출러로 계란 오른쪽 가장자리를 천천히 들어 올리고, 왼쪽으로 접어 포장지처럼 거의 계란 전체가 말릴 때까지 접는다. 계란말이를 팬의 오른쪽 가장자리(처음 접은 곳)로 당겨 온다.
4. 팬에 올리브 오일을 조금 더 두르고 남은 계란물 절반을 팬의 비어 있는 공간(왼쪽 가장자리)에 부어 계란말이 끝에 이어 붙인다. 위의 방법대로 반복 조리해서 말아 준다.

5. 계란물이 모두 사용될 때까지 이 과정을 반복한다.
6. 계란말이가 완전히 익으면 팬에서 꺼낸 뒤 적당한 두께로 자른다.

chef's tip

히말라야 검은 소금에는 약간의 계란 냄새가 나는 황산염 화합물이 함유되어 있다. 블랙 솔트, 흑소금, 칼라 나마크라는 이름으로 시중에 판매된다. 계란 대체 식품에 함께 넣으면 비건 계란의 맛이 진짜 계란과 구분이 안 될 정도로 비슷하다. 또한 계란말이를 할 때 주로 직사각형 형태의 프라이팬을 사용하지만 다른 프라이팬을 사용해도 된다. 계란이 달라붙지 않도록 프라이팬이 코팅되어 있는지 확인하는 것이 중요하다. 아래 링크에서 비건 계란말이 만들기 시연 영상을 제공하고 있으니 참고해 보자.

- https://thekoreanvegan.com/egg-sushi/

두부전

> 🥣 : 8개
> ☆ : 낮음
> 🌿 : GF, NF

재료
- 물기를 제거한 단단한 두부 1모 chef's tip
- 잘게 다진 당근 ¼컵
- 줄기는 제거하고 갓만 다진 생표고버섯 3개
- 다진 대파 2대
- 소금 1작은술
- 후추 ½작은술
- 식물성 계란 대체 식품 JUST Egg 3큰술 chef's tip
- 감자 전분 1큰술
- 튀김용 식물성 오일
- 찍어 먹을 수 있는 매콤한 간장 드레싱 p.51

저탄수화물 식단을 포함해서 거의 모든 종류의 식단을 시도해 봤다. 저탄수화물 식단을 할 때 밀가루가 들어 있지 않은 이 두부전을 만들어 먹곤 했는데 여기에는 계란이 포함되어 있었다. 하지만 계란 대체 식품을 이용해 쉽게 비건 버전으로 만들 수 있다.

1. 큰 그릇에 두부, 당근, 표고버섯, 대파, 소금, 후추, 계란 대체 식품 1큰술, 그리고 감자 전분을 섞으면 질감이 질퍽해진다. 반죽을 8등분하여 납작한 원형 모양으로 만든다.
2. 코팅된 프라이팬에 튀김용 식물성 오일을 얇게 두르고 중강불에서 달군다. 남은 계란 대체 식품 2큰술을 작은 그릇에 담는다. 동그랗게 만든 반죽을 팬에 넣기 전에 계란물을 입히고, 한 면당 약 2분씩 양면이 모두 보기 좋은 갈색이 될 때까지 익힌다.

chef's tip

두부의 불필요한 물기를 제거하는 것은 중요하다. 먼저 키친타월을 깔고 그 위에 두부를 올려놓는다. 두부를 절반 크기로 자를 수도 있다. 두부 위에 또 다른 키친타월을 올리고 그 위에 요리책이나 무거운 냄비를 15분에서 30분 정도 올려놓으면 자연스럽게 압착되며 물기를 제거할 수 있다. 또한 계란 대체 식품이 없다면, 식물성 우유 1큰술을 대신 사용해도 된다. 튀기기 전에 두부에 묻힐 혼합물로는 식물성 우유 2큰술, 감자 전분 1작은술, 카레 ¼작은술을 섞어 사용할 수 있다.

3. 식탁 위의 오케스트라, 반찬

깻잎전

주변 사람들에게 비건으로 전향한다는 소식을 전했을 때, 특히 엄마는 상당히 걱정했다. 충분한 단백질을 섭취할 수 있을지, 이 결정이 끝없이 날씬해지고 싶은 열망의 일환이었을지, 오로지 채소만 먹고 어떻게 달리기와 같은 운동을 계속할 수 있을지에 대한 궁금증과 걱정이 가득했다. 그러나 그보다 더 큰 고민은 내가 집에 올 때마다 어떤 음식을 요리해야 할지에 대한 것이었다. 그러나 곧 새우나 굴과 같은 해산물 없이도 부침개나 전을 만드는 것이 얼마나 쉬운지 알게 되었다. 다양한 채소를 넣어서 만들면 되는 것이었다. 그렇게 깻잎전은 비건 식단의 일부가 되었다.

- ⌣ : 12-16개
- ☆ : 낮음
- ⌇ : GFO, NF

재료
- 중력분 2컵 chef's tip
- 감자 전분 ½컵
- 마늘 가루 ½큰술
- 양파 가루 ½큰술
- 소금 1작은술
- 후추 1작은술
- 가늘게 채 썬 애호박 ½개
- 가늘게 채 썬 당근 1개
- 가늘게 채 썬 깻잎 4-5장
- 얼음물 1½컵
- 통깻잎 12-16장
- 가늘게 채 썬 대파 4-5대
- 튀김용 식물성 오일
- 찍어 먹을 수 있는 매콤한 간장 드레싱 p.51

1. 그릇에 중력분, 감자 전분, 마늘 가루, 양파 가루, 소금, 후추, 애호박, 당근, 깻잎을 넣고 섞는다. 아직 통깻잎이나 대파는 넣지 않는다.
2. 얼음물을 그릇에 넣으며 섞는다. 반죽이 약간 걸쭉해야 하는데, 너무 걸쭉하면 조금씩 얼음물을 넣어서 원하는 농도로 조절한다. 이때 일반 팬케이크 반죽보다는 걸쭉하고, 비스킷 반죽보다는 덜 걸쭉한 농도여야 한다.
3. 코팅된 프라이팬에 튀김용 식물성 오일을 넉넉히 두르고 중강불에서 달군다. 반죽을 넣기 전에 팬에 대파 몇 줌과 깻잎 한 장을 통으로 넣는다. 그런 다음 대파와 깻잎 위로 반죽을 1국자 부어 깻잎을 완전히 덮도록 한다.
4. 양면이 모두 보기 좋은 갈색이 될 때까지 뒤집어가며 익힌다. 같은 방법으로 나머지 재료들도 부친다.
5. 매콤한 간장 드레싱과 함께 곁들여 먹어도 좋다.

chef's tip

이 레시피는 글루텐 프리 밀가루가 잘 어울린다. 그러나 글루텐이 없기 때문에 반죽에 수분이 생길 수 있다. 이때 전이 타지 않고 수분이 날아갈 수 있게 약불에서 천천히 부치는 것이 중요하다.

감자조림

🥣 : 4인분
☆ : 중간
🌿 : GFO, NF

재료

- 한 입 크기로 썬 감자 4개
  *수분이 많은 감자가 좋다.
- 엑스트라 버진 올리브 오일 2큰술
- 다진 적양파 ½컵
- 다진 마늘 3쪽
- 다진 빨간색 파프리카 ¼컵
- 다진 청양고추 2-3개
- 흑설탕 또는 메이플 시럽 2큰술
- 현미 조청 또는 메이플 시럽 1큰술
- 간장 3큰술
- 채수 1컵 p.45 또는 물
- 참기름 ½큰술
- 후추 ½작은술
- 볶은 참깨 1작은술

감자조림은 내가 가장 좋아하는 레시피 중 하나다. 내가 자라면서 사랑했던 모든 맛이 담겨 있다. 처음 비건을 시작했을 때 이모가 알려 주신 레시피인데, 이제는 거의 모든 가족 모임 메뉴에 빠지지 않고 등장한다. 감자조림에서 가장 중요한 것은 요리 시간이다. 감자를 오래 익히면 너무 눅눅해지고 감자를 충분히 익히지 않으면 너무 딱딱하다. 감자의 겉은 알맞게 바삭하고 속은 부드러우며 쫄깃한, 완벽한 타이밍이 중요하다. 하지만 수분이 적은 감자를 사용하는 것은 피해야 한다. 수분이 많고 단단한 감자가 좋다. 감자조림과 소스를 밥에 얹으면 소스가 스며들어 그 맛이 일품이다.

1. 감자를 찬물에 10-15분간 담가 두어 불필요한 전분을 제거한다. 감자를 건져서 물기도 제거한다.
2. 프라이팬에 올리브 오일을 두르고 강불에서 달군다. 기름이 뜨거워지면 감자를 넣고 4-5분간 감자 표면이 노릇해지도록 볶는다.
3. 적양파, 마늘, 파프리카, 청양고추를 넣고 채소들을 2분간 더 볶는다. 흑설탕과 현미 조청을 넣어 채소들을 골고루 버무린다.
4. 간장을 넣어 디글레이징한다. 채수를 넣고 끓인 후, 약불로 줄이고 뚜껑을 덮어 감자에 포크가 들어갈 정도로 익을 때까지 약 15분간 졸인다. 중간에 뚜껑을 열어서 끓는 국물을 감자 위에 끼얹으며 익힌다. 만약 감자가 완전히 익기 전에 조림 국물이 다 졸아들면 2-3큰술의 채수를 더한다.

5. 감자에 포크가 들어갈 정도로 익었을 때쯤 뚜껑을 연다. 이 시점에서 조림 국물은 거의 글레이즈 수준의 농도로 졸여져야 한다. 감자에 완전히 포크가 들어갈 정도로 익을 때까지 추가로 2분간 졸인다.
6. 감자가 익으면 깨질 수 있기 때문에 너무 많이 젓지 않는다. 참기름, 후추, 참깨를 넣어 버무려 먹는다.

4.
한식의 샐러드,
김치와 나물

배추김치는 분명 가장 대표적인 김치이지만, 김치 종류가 배추김치에만 국한되지는 않는다. 실제로 김치는 수백 가지 종류가 있다. 김치만을 다루는 책을 써도 될 정도로 다양한 종류가 있다. 사실 김치의 본질은 매운맛보다는 오랫동안 음식을 저장하기 위해서다. 김치에 고추는 불과 몇백 년 전에 추가되었고 그전에 김치는 단순히 절인 채소였다. 한국 식탁에는 '샐러드'가 흔히 오르지는 않는다. 대부분의 채소는 절여서 먹고, 생채소는 소스에 찍어 먹거나 고기와 함께 쌈으로 싸 먹는다. 그러나 된장이나 고추장과 같은 많은 한국 재료들은 샐러드의 드레싱으로 완벽하게 잘 어울린다. 이는 나에게 한식 버전 샐러드를 만들어 볼 수 있는 새로운 영감을 주었다.

할머니의 시간까지 담긴 김치

"선영아, 맛있는 김치의 핵심은 김치를 보관하는 병에 있어." 할머니는 창고 벽에 가지런히 놓인 깨끗한 유리병들을 가리키며 말했다. "얼마나 깨끗한지 보이지? 어제 하루 종일 이 유리병들을 비우고 문질러서 오늘 김치를 새로 담을 수 있었어."

어제만 해도 이 유리병들은 고추와 오래된 생선 냄새가 진동하며 붉게 얼룩져 있었다. 할머니가 얼룩들을 깨끗하게 닦아 낸 덕분에 오늘은 반질반질한 유리에 얼굴이 비쳐 보일 정도였다. 이 유리병들은 뚜껑을 열려면 양손을 사용해야 할 만큼 커다란 플라스틱 뚜껑이 달려 있었다.

한 유리병 앞에 몸을 기울여 쭈그려 앉아 뚜껑을 열고 그 안에서 나는 냄새를 맡았다. "할머니! 여전히 썩은 생선 냄새가 나요!" 그리고 다음 유리병 뚜껑을 열자 바로 어제의 김치 냄새가 났다.

할머니는 배춧잎 한 장 한 장에 김칫속 양념을 듬뿍 바르며 말했다. "선영아, 그게 최고의 김치 비법이지. 오늘보다 내일 김치 맛이 더 좋아지는 건 어제 담근 김치가 절여지고 숙성되기 때문이야. 병이 오래될수록 김치 맛도 더 좋아진단다. 어제 할머니가 깨끗하게 닦아 둔 유리병들 보이지? 네가 태어나기 전부터 갖고 있던 거야. 지금 맡고 있는 냄새는 내 고향 바다의 소금과 시원한 땅속 아래 묻어서 발효시킨 마늘 그리고 네 할아버지가 네 아버지와 함께 과일 가게에서 잘 팔았던 날에 가져온 고춧가루의 잔향들이야."

할머니는 손가락으로 작은 붉은 배추 조각을 들고 말했다. "그러니까, 다음 주에 이 김치를 먹을 때 어제 담근 김치뿐만 아니라 네 아빠가 네 나이 때 내가 도시락 반찬으로 싸주던 김치도 조금씩 먹게 되는 셈이야. 언젠가 가족을 위해 김치를 담그게 될 날이 오면 이것을 기억해 두렴."

김치를 만들기 위한 3가지 단계

들어가는 채소의 종류와는 무관하게, 김치를 만드는 데는 보통 세 가지 단계가 필요하다. 첫 번째 절임, 두 번째 김칫소 양념, 마지막으로 발효다. 우선 처음에 절이는 과정이 필요하다. 짧게는 15분에서 길게는 24시간까지 걸릴 수 있다. 이 과정이 김치의 식감을 결정짓는다. 김칫소 양념은 김치의 맛과 매운 정도에 영향을 준다. 마지막은 발효다. 어떤 김치는 장시간 발효시키지 않고 곧바로 먹는 것이 좋은 반면, 시간이 지나 숙성되어야 맛이 좋아지는 김치도 있다.

절이기 위한 소금 양, 김칫소 양념, 발효와 관련된 정확한 방법을 설명하면 좋겠지만 김치를 담그는 방법 역시 인생의 많은 일들이 그렇듯 상황에 따라 유연하다. 예를 들어 얼마나 오랫동안 배추를 절일 것인가는 배추의 신선도, 크기, 심지어 재배된 지역에 따라서도 달라진다. 김칫소를 만드는 데 사용하는 고춧가루의 양은 그 고춧가루의 매운 정도와 선호하는 맵기에 따라 달라진다. 마지막 단계인 발효는 먹는 사람의 취향이 반영되는 가장 주관적인 부분일 것이다. 푹 익은 신 김치를 좋아하는지, 살짝 익은 김치를 좋아하는지 등에 따라 선택하는 게 좋겠다.

오이김치

오이김치를 만드는 방법은 간단하다. 배추김치나 무김치를 시도하기가 다소 부담스럽다면 오이김치를 시도해 보자. 오이김치는 샐러드, 샌드위치, 밥과 잘 어울린다. 이 레시피의 장점은 다른 김치들과 마찬가지로 레시피 재료를 두 배 또는 세 배로 늘려 한 번에 대량으로 만들어 두고 오랫동안 먹을 수 있다는 점이다.

> 🍚 : 6-8인분
> ☆ : 낮음
> 🌿 : GF, NF
>
> 재료
> - 오이 450g
> - 굵은소금 3큰술
> - 고춧가루 2-4큰술 p.30
> - 가늘게 채 썬 적양파 ¼컵
> - 설탕 2큰술
> - 쌀식초 2큰술
> - 미림 2큰술

1. 오이를 적절한 두께로 자르고 큰 그릇에 담는다. 오이에 굵은소금이 고르게 덮이도록 뿌리고 섞는다. 15분 정도 둔다.
2. 오이 상태를 확인한다. 이때 그릇 바닥에 오이에서 나온 물이 약간 고여있어야 한다. 그릇 밑바닥에 깔린 오이가 위로 올라오고, 위에 있던 오이가 아래로 내려가도록 살짝 뒤섞는다. 다시 15분간 둔다.
3. 물기를 따라 버리고 오이를 충분히 헹궈서 남은 소금을 제거한다. 키친타월로 오이를 두드려서 물기를 제거한다. 큰 그릇에 다시 담는다.
4. 원하는 맵기 정도에 따라 고춧가루, 적양파, 설탕, 쌀식초, 미림을 넣는다. 오이에 양념이 고르게 발리도록 잘 섞는다.
5. 오이김치를 실온에서 2-3일 동안 보관하면 빠르게 익힐 수 있다. 완성된 오이김치는 냉장고에서 몇 주간 보관해 두고 먹을 수 있다.

배추김치

⠀: 큰 배추 2포기
☆: 높음
⌘: GFO, NF

재료
- 큰 배추 2포기
- 굵은소금 ½컵

김칫소 양념 재료
- 찹쌀가루 2큰술
- 현미 조청 또는 메이플 시럽 2큰술
- 다진 마늘 ¼컵
- 슬라이스한 생강 1개
- 적당한 크기로 썬 양파 ½개
- 감 퓌레 p.287 또는 다진 배 또는 사과 ¼컵
- 피시 소스 p.49 또는 간장 ¼컵
- 다시마 가루 1큰술 chef's tip
- 고춧가루 1컵 p.30
- 가늘게 채 썬 무 1컵
- 가늘게 채 썬 당근 ½컵
- 잘게 썬 대파 3-4대
- 잘게 썬 부추 1컵

외숙모는 테두리가 두 손으로 둘리지 않을 정도로 커다란 은빛 대야 위로 몸을 숙였다. 그리고 붉은 배추 하나를 꺼내어 선물 꾸러미를 포장하듯이 감싸기 시작했다. "선영아, 가스가 빠져나가지 않도록 하는 것이 중요하단다. 왜냐하면 이 가스가 김치의 맛을 내기 때문이지. 그래서 배춧잎 한 장을 빼서 배추 나머지 부분을 꼭 조이고 깔끔하게 감싸 주어야 해. 이렇게 말이야." 외숙모는 손에 들려진 심장 모양의 배추를 보여 주며 말했다.

1. 배추 두 포기를 찬물에 헹구고 말린다. 배추 밑동이 있는 경우 밑동을 자른다. 잘 갈려진 큰 칼로 배추의 밑동 부분부터 가운데 방향으로 약 5cm 정도 칼집을 낸다. 배추의 나머지 부분은 손으로 틈새를 벌려 찢는다. 칼로 자르기보다는 손으로 찢으면 배춧잎 가운데의 모양을 보기 좋게 유지하며 자를 수 있다.

2. 두 쪽으로 나눈 각 배추의 밑동 부분에 칼로 5cm 정도의 틈을 낸다. 그런데 이때 이 단면을 절반으로 자르지 않도록 주의한다. 나중에 반으로 더 나눌 예정이다.

3. 배추를 한 번 더 헹군다. 배추의 속잎이 위로 향하게 놓고, 배춧잎을 한 장씩 들추어 낱장마다 굵은소금을 뿌린다. 좀 더 두꺼운 밑동 부분까지 소금이 스며들 수 있도록 눌러가며 뿌린다. 이 과정을 반복하여 모든 잎에 소금을 뿌린다.

4. 배추를 커다란 대야에 담아서 최소 2시간, 가급적 4시간 정도 절인다. 30-45분 간격으로 배추를 뒤집는다. 시간이 지나면서 대야에 물이 생기는 것을 볼 수 있다. 이 물을 배추

4. 한식의 샐러드, 김치와 나물

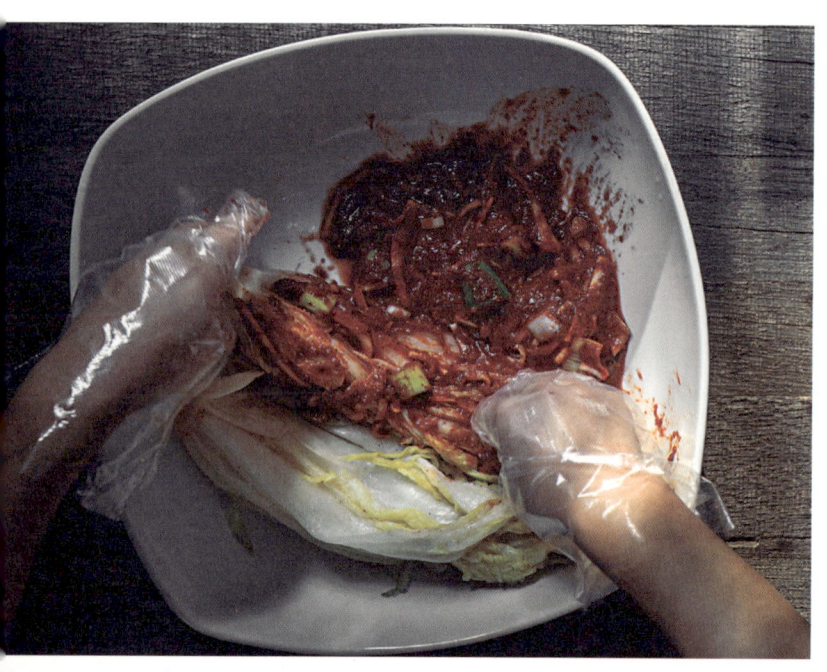
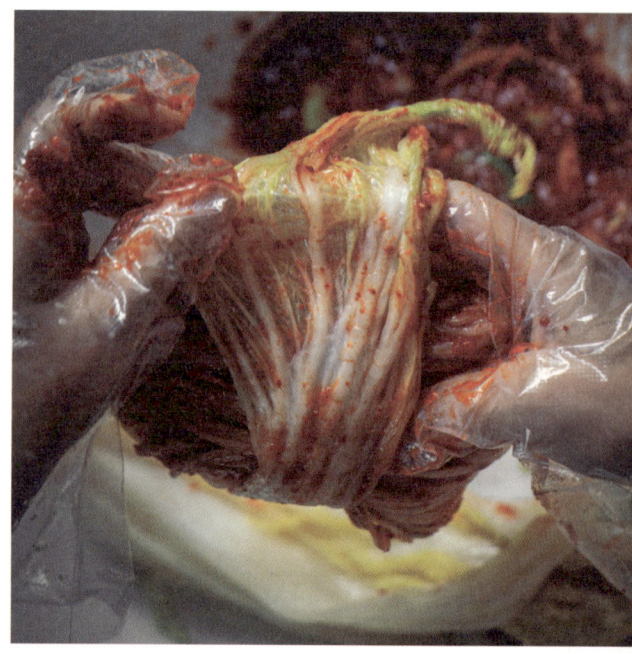
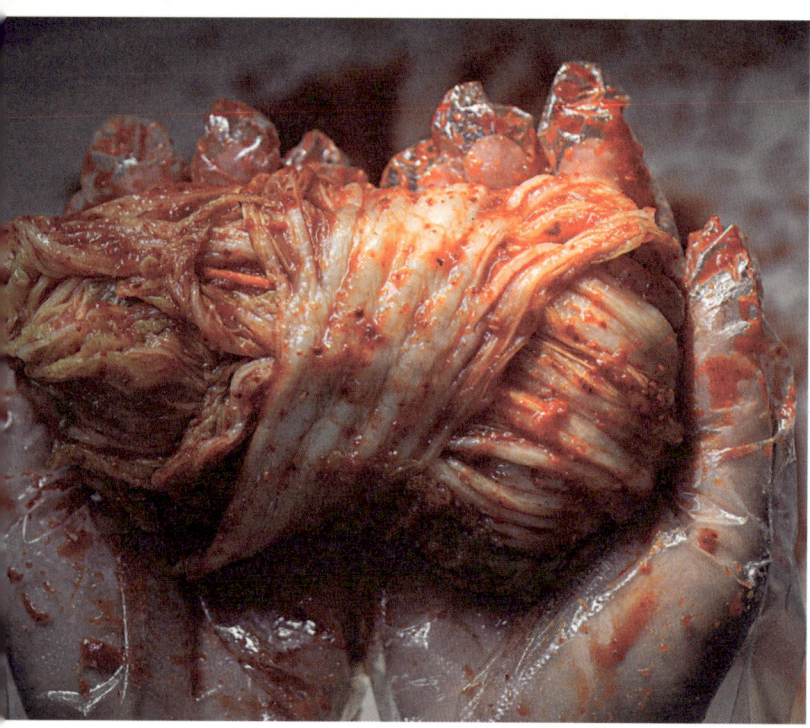
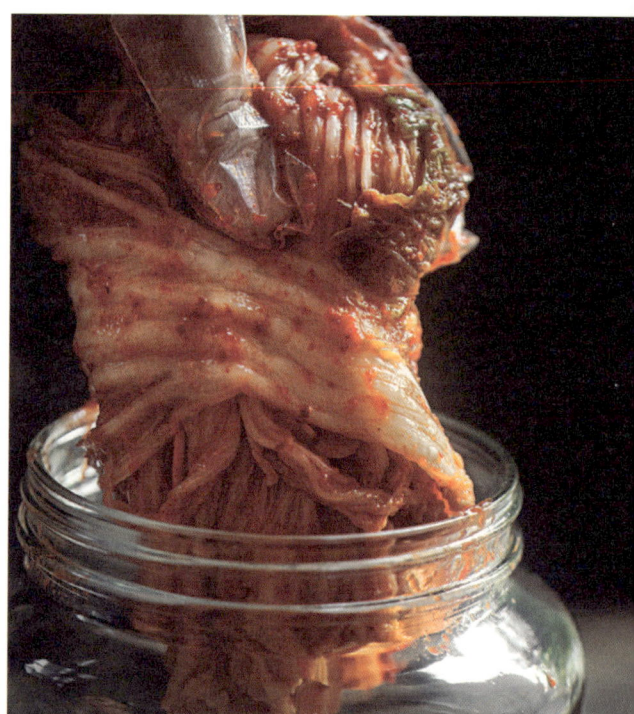

chef's tip

만약 다시마 가루가 없다면 다시마 조각을 직접 갈아서 사용해도 된다.

에 끼였으면 감칠맛이 더해진다.

5. 배추를 소금에 절이는 동안 김칫소 양념을 만든다. 작은 냄비에 찹쌀가루와 물 1컵을 넣고 중강불에서 뭉치지 않도록 계속 젓는다. 부드러운 거품이 생기고 되직해진다. 이때 현미 조청을 넣고 계속 젓는다. 좀 더 되직한 찹쌀풀이 되면 불에서 내려 식힌다.

6. 믹서기에 마늘, 생강, 양파, 감 퓌레, 피시 소스, 다시마 가루를 넣고 곱게 간다.

7. 커다란 대야에 찹쌀풀과 양념을 섞는다. 고춧가루를 추가한다. 무, 당근, 대파, 부추를 넣고 골고루 섞는다.

8. 4시간이 지난 후 배추는 꽤 연해져 있을 것이다. 배추를 꺾었을 때 쉽게 부러지지 않을 정도가 되면 잘 절여진 것이다. 배추를 찬물로 여러 번 헹궈 소금과 불순물을 제거한다. 이제 배추를 앞에서 미리 칼집을 내둔 틈새를 따라 찢어서 배추 1개가 4등분이 될 수 있도록 나눈다.

9. 배추를 소금으로 절일 때와 동일한 방법으로 각 배춧잎에 김칫소 양념을 골고루 바른다. 모든 부분을 완벽하게 발라줄 필요는 없지만, 배춧잎마다 들쭉날쭉하게 발리지 않고 골고루 발리는 것이 좋다.

10. 4등분한 배춧잎 속의 작은 잎들이 위를 향하도록 평평한 곳에 놓는다. 제일 큰 겉잎을 제외하고 모든 잎을 잎끝에서 밑동 쪽으로 말아 준다.

11. 말지 않은 제일 큰 겉잎을 들어 올려 말아진 배추를 꽉 감싸서 배추 꾸러미 형태로 만든다. 이렇게 하면 안에 공기가 생기지 않고 최적의 발효 조건이 만들어진다.

12. 배추 꾸러미를 항아리에 넣고 부드럽게 눌러 공기를 빼낸

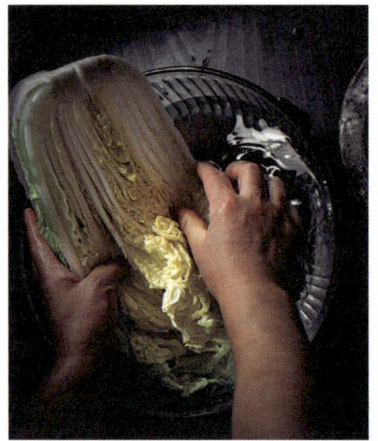

다. 남은 배추들도 같은 과정을 반복한다.

13. 남은 김칫소 양념을 항아리에 붓고 부드럽게 눌러 준 후 깨끗하게 씻은 돌을 올려 두면 단단하게 눌린 상태를 유지할 수 있다.

14. 항아리 뚜껑을 닫는다. 이때 발효 과정에서 나오는 가스로 인해 터지지 않도록 너무 꽉 닫지는 않는다. 그리고 냉장고에 최소 1주일에서 3주 정도 보관한다. 또한 실온에서 더 빠르게 발효시킬 수도 있다.

15. 처음 뚜껑을 열 때 주의해야 한다. 발효 과정에서 발생한 가스가 항아리에 차 있다면 뚜껑을 열자마자 김치 국물이 넘칠 수 있다. 싱크대 위에서 뚜껑을 천천히 연다.

겉절이

🍲 : 배추 2포기
☆ : 낮음
🌿 : GFO, NF

재료
- 배추 2포기
- 굵은소금 ¼컵

김칫소 양념 재료
- 찹쌀가루 2큰술
- 현미 조청 또는 메이플 시럽 3큰술
  *현미 조청을 더 추천한다.
- 다진 마늘 ¼컵
- 슬라이스한 생강 1개
- 적당한 크기로 썬 양파 ½개
- 피시 소스 p.49 또는 간장 ¼컵
- 감 퓌레 p.287 또는 다진 배 또는 사과 ¼컵
- 고춧가루 1컵 p.30
- 가늘게 채 썬 무 1컵
- 가늘게 채 썬 당근 ½컵
- 잘게 썬 대파 3-4대
- 잘게 썬 부추 1컵

가끔 긴 하루를 마치고 집에 돌아와서 남은 밥을 그릇에 담고 냉장고를 열어 김치를 찾다가 깨닫게 된다. 김치가 어디에 있지? 불현듯 김치가 다 떨어졌다는 생각이 머리를 스치고 그 순간 '겉절이'라는 세 음절 단어가 머릿속에 떠오른다. '김치 샐러드'라고도 할 수 있는 겉절이는 전통적인 방식의 김치보다는 훨씬 시간이 덜 걸리는, 살짝 절인 김치다. 겉절이는 만든 지 며칠 또는 몇 주 후에 먹는 것이 아니라 만든 직후 즐길 수 있는 음식이다. 사실 미리 만들어 둔 김칫소 양념만 있다면(매년 김장하는 날에 쓰고 남은 것이라도) 무려 30분 만에 이 아삭한 김치를 만들어 먹을 수 있다. 그러니 걱정할 필요가 없다. 김치를 다 먹었다 하더라도, 간단하고 빠르게 겉절이를 즐길 수 있다.

1. 배춧잎을 한 장씩 떼어 놓는다. 속에 있는 작은 배춧잎을 제외한 모든 잎을 손으로 잡고 잘 갈아둔 칼로 종이를 절반 가르듯이 자르거나 간단하게 도마에서 자른다.
2. 큰 그릇에 배추 조각, 물 ½컵, 굵은소금을 함께 넣고 약 30분간 담아 둔다. 여러 번 뒤섞는다.
3. 그동안 김칫소 양념을 만든다. 작은 냄비에 찹쌀가루와 물 1컵을 넣고 중강불에서 뭉치지 않도록 계속 젓는다. 부드럽게 거품이 생기고 되직해진다. 이때 현미 조청을 넣고 계속 젓는다. 좀 더 되직한 찹쌀풀이 될 때까지 끓인다.
4. 믹서기에 마늘, 생강, 양파, 피시 소스, 감 퓌레를 넣고 곱게 간다.
5. 큰 그릇에 찹쌀풀과 양념을 섞는다. 고춧가루를 추가한다.

무, 당근, 대파, 부추를 넣고 골고루 섞는다.

6. 양념을 배춧잎에 붓고 고르게 발리도록 손으로 섞는다.

7. 완성된 겉절이는 바로 먹을 수 있다. 냉장고에 보관하면 2주까지 먹을 수 있다.

물김치

🥣 : 무 450g
☆ : 낮음
🌿 : GF, NF

재료
- 다듬고 껍질을 제거하여 5cm 두께로 썬 무 450g
- 굵은소금 2큰술
- 설탕 ¼컵
- 통대파 4-5대
- 씨를 제거하고 반으로 자른 청양고추 3개
- 얇게 썬 사과 또는 배 ½개
- 얇게 슬라이스한 생강 1작은술
- 반으로 자른 마늘 4-5쪽

여름에는 시원한 물김치만큼 상쾌하게 입맛을 돋우는 음식도 없다. 저녁 식사 때 맛이 강한 반찬들을 먹은 후 입가심으로 먹는 아주 차가운 수프라고 생각해도 된다. 달콤하고 약간 신맛이 나면서도 완벽하게 기운을 북돋아 준다.

1. 썰어 놓은 무 조각들을 큰 그릇에 담는다. 굵은소금 1½큰술을 넣고 무에 고르게 밸 수 있게 섞는다. 단단한 무가 구부러질 정도로 30분간 절인다.
2. 무 조각들을 항아리에 넣는다. 남은 굵은소금 ½큰술, 설탕, 대파, 청양고추, 사과 또는 배, 생강, 마늘을 넣고 섞는다.
3. 내용물이 완전히 잠길 때까지 물을 4컵 붓는다. 항아리 뚜껑을 잘 닫고 실온에 2-3일 둔다.
4. 2-3일 후에는 국물이 탁해지면서 약간의 신맛과 톡 쏘는 탄산이 느껴질 것이다. 무를 한 조각 작게 잘라서 절여진 정도를 확인한다. 덜 절여졌으면 실온에 2일간 더 놓아둔다.
5. 무가 원하는 정도로 절여지면 냉장고에 보관한다. 물김치 국물과 함께 차갑게 먹는다.

총각김치

🥣 : 총각무 10-12개
☆ : 중간
🌿 : GFO, NF

재료
- 무청이 달린 총각무 10-12개
- 굵은소금 ½컵

김칫소 양념 재료
- 찹쌀가루 2큰술
- 현미 조청 또는 메이플 시럽 2큰술
- 다진 마늘 ¼컵
- 슬라이스한 생강 1개
- 적당한 크기로 썬 양파 ½개
- 감 퓌레 p.287 또는 다진 배 또는 사과 ¼컵
- 피시 소스 p.49 또는 간장 ¼컵
- 다시마 가루 1큰술 p.121 chef's tip
- 고춧가루 1컵 p.30
- 잘게 썬 대파 3-4대
- 잘게 썬 부추 2컵

총각김치는 무의 잎이 붙어있는 줄기를 제거하지 않고 남겨 두는데, 마치 꼬리가 달린 듯한 모습 때문에 영어로는 '포니테일 김치 Ponytail Kimchi'라고도 불린다. 이 김치는 다른 반찬 없이 밥과 총각김치만으로 매일 먹어도 질리지 않을 맛이다. 비건이 되고 나서는 제대로 된 김치를 다시는 먹지 못할까 봐 걱정되어 총각김치를 비건 식단에 맞게 만들어 보았다. 배추김치와 마찬가지로 비건이 아닌 일반 총각김치보다는 절이는 시간이 조금 더 걸리지만 맛은 정말 좋다. 레시피는 배추김치와 매우 비슷한데 가장 큰 차이점은 바로 절이는 시간이다. 또한 양념에 부추를 조금 더 넣는다.

1. 무를 찬물로 깨끗이 씻는다. 그런 다음 뿌리 부분을 잘라서 다듬고, 채칼로 껍질을 벗긴다.
2. 무는 줄기와 잎을 제거하지 않고 길게 반으로 썬다. 크기가 작은 무는 절반으로 자를 필요가 없다. 무를 다시 한번 찬물로 헹구고 큰 그릇에 담는다.
3. 굵은소금을 넣고 손으로 골고루 모든 무에 펴 바른다. 45분간 절인다. 그리고 무를 다시 한번 손으로 뒤섞은 다음 30분간 더 절인다.
4. 시간이 지나면서 그릇에 물이 생기는 것을 볼 수 있다. 무가 구부러질 정도로 부드러워지면 물을 버리고 찬물로 여러 번 헹궈 남은 소금과 불순물을 제거한다.
5. 그동안 김칫소 양념을 만든다. 작은 냄비에 찹쌀가루와 물 1컵을 넣고 중강불에서 뭉치지 않도록 계속 젓는다. 부드러운 거품이 생기고 되직해진다. 이때 현미 조청을 넣고 계속

젓는다. 좀 더 되직한 찹쌀풀이 되면 불에서 내려 식힌다.

6. 믹서기에 마늘, 생강, 양파, 감 퓌레, 피시 소스, 다시마 가루를 넣고 곱게 간다.

7. 커다란 대야에 찹쌀풀과 양념을 섞는다. 고춧가루를 추가한다. 대파와 부추를 넣고 골고루 섞는다.

8. 양념을 무에 붓고 고르게 발리도록 손으로 섞는다. 줄기와 잎 부분까지 골고루 양념이 배도록 버무린다.

9. 무를 반으로 썰었다면 절반으로 잘린 무 두 개를 꼭대기부터 서로 붙여서 줄기로 감아 준다. 차곡차곡 항아리에 넣는다. 나머지 무들도 같은 과정을 반복한다.

10. 항아리 뚜껑을 닫는다. 그리고 냉장고에 최소 1주일 동안 보관한다.

11. 처음 뚜껑을 열 때 주의해야 한다. 발효 과정에서 발생한 가스가 항아리에 차 있다면 열자마자 김치 국물이 넘칠 수 있다. 싱크대 위에서 뚜껑을 천천히 연다.

케일 라면 샐러드

샐러드를 잘 먹게 되지 않는 이유가 익숙하지 않아서일 수도 있겠다는 생각이 들어 어린 시절 먹던 익숙한 재료를 넣어 보았다. 이 레시피는 크루통 대신 볶아서 바삭해진 라면이 들어가고, 어린 시절 먹던 라면 국물 맛과 비슷한 드레싱이 특징이다. 케일과 정말 잘 어울린다. 이제는 샐러드를 즐길 수 있게 되었다.

🥣 : 4인분
☆ : 낮음
🌱 : GFO

드레싱 재료
- 고추장 1큰술
- 메이플 시럽 1큰술
- 국간장 1큰술
- 해바라기씨 버터 ½큰술
- 화이트 와인 식초 1작은술

샐러드 재료
- 줄기와 잎맥을 제거하고 적당한 크기로 썬 케일 6컵
- 엑스트라 버진 올리브 오일 2큰술
- 줄기는 제거하고 갓만 얇게 슬라이스한 생표고버섯 5-6개
- 라면 반 봉지 부순 것 chef's tip
- 소금 1작은술
- 줄기는 제거하고 가늘게 채 썬 들깻잎 7-8장
- 세로로 길게 채 썬 주키니호박 ¼개 chef's tip
- 가늘게 채 썬 적양파 ¼컵
- 다진 대파 1대
- 다진 호두 2큰술
- 씨를 제거한 후 다진 대추야자 1개
- 후추 1작은술

1. **드레싱 만들기**: 작은 그릇에 고추장, 메이플 시럽, 국간장, 해바라기씨 버터, 식초를 넣고 부드러운 크림처럼 되도록 섞는다.
2. **샐러드 만들기**: 케일을 큰 그릇에 담는다. 드레싱 2큰술 넣고 버무린다. 최소 45분 최대 24시간 동안 냉장고에 넣어 둔다.
3. 기다리는 동안 냄비에 올리브 오일을 두르고 중강불에서 달군다. 기름이 뜨거워지면 표고버섯을 넣고 가장자리가 보기 좋은 갈색이 될 때까지 약 5분간 볶는다.
4. 볶은 버섯에 부순 라면과 소금을 넣고 중불에서 라면이 보기 좋은 갈색이 될 때까지 약 7분간 볶는다. 라면이 바삭해지면(쫄깃한 게 아니라) 불에서 내리고 잠시 옆에 둔다.
5. 냉장고에 넣어 둔 케일 무침을 꺼내어 들깻잎, 주키니호박(장미꽃 모양으로 말아도 좋다), 적양파, 대파, 호두, 대추야자, 그리고 후추를 넣는다.
6. 모든 재료를 그릇에 담고 드레싱을 뿌려서 간을 맞춘다.

chef's tip

우선 라면을 지퍼백에 넣어 밀봉하고 칼의 손잡이 부분이나 나무망치로 라면을 가볍게 부순다. 이 레시피에서는 라면 반 봉지 정도만 필요하다. 남은 절반은 보관해서 다음에 사용한다. 또한 호박을 장미꽃 모양으로 말아 주려면 종이처럼 아주 얇게 슬라이스하거나 채칼을 이용한다.

깻잎절임

🍚 : 5-6인분
☆ : 낮음
🌱 : GFO, NF

재료
- 매콤한 간장 드레싱 ½컵 p.51
- 깻잎 40장

할머니가 만드시던 깻잎절임은 손주들에게 인기 만점이었다. 그래서 할머니는 늘 깻잎무침을 여러 통 만들어서 몇 주 동안 실컷 먹을 수 있게 해 주셨다. 이 깻잎절임은 우리 집 식탁에 일 년 내내 올랐다.

1. 보관 용기 바닥에 매콤한 간장 드레싱 2큰술을 넣는다. 용기는 가장 큰 깻잎 크기보다 폭이 조금 더 넓고, 깊이가 얕은 것을 사용한다.
2. 용기 바닥에 깻잎 한 장을 펼쳐 놓고, 그 위에 드레싱 1-2작은술을 바른다. 나머지 깻잎도 같은 과정을 반복한다. 마지막 깻잎 위에 남은 드레싱을 붓는다.
3. 용기 뚜껑을 닫고 냉장고에서 3일간 숙성시킨 후 먹는다.

방울양배추 샐러드

어릴 적 우리 가족은 샐러드를 먹지 않았다. 대부분의 채소들은 절이거나 익힌 것이었다. 각종 생채소를 섞어 먹는 것이 낯설고, 그다지 매력적이지도 않았다. 그러나 비건이 된 후, 문제는 샐러드 자체가 아니라 샐러드를 무미건조한 레시피로 생각했다는 점을 깨달았다. 이 샐러드는 상큼한 음식이 생각나는 여름철에 잘 어울리며, 재미있는 각종 식감들을 선사한다.

- : 8인분
- ☆ : 낮음
- : GF, NF

재료
- 엑스트라 버진 올리브 오일 ½큰술
- 슬라이스한 갈색 양송이버섯 ¼컵
- 발사믹 식초 1큰술
- 소금과 후추 각 ½작은술

드레싱 재료
- 바바 가누쉬 또는 후무스 ¼컵
- 머스터드 2작은술
- 메이플 시럽 2작은술
- 레몬 ½개의 레몬즙
- 마늘 가루 ¼작은술
- 소금과 후추 각 1작은술
- 엑스트라 버진 올리브 오일 1작은술

샐러드 재료
- 다듬고 얇게 슬라이스한 방울양배추 10-12개
- 줄기와 잎맥을 제거하고 적당한 크기로 썬 케일 잎 4장
- 석류 씨 ½컵, 볶은 호박씨 ¼컵
- 다진 주키니호박 ¼컵
- 익힌 옥수수 알 ½컵
- 구운 된장 양파 ½컵 p.89

1. 코팅된 프라이팬에 올리브 오일을 두르고 중강불에서 달군다. 기름이 뜨거워지면 양송이버섯을 넣고 3-4분간 익힌다. 너무 자주 섞지 않는다. 발사믹 식초, 소금, 후추를 넣고 글레이징한다. 불에서 내려 식힌다.
2. 드레싱 만들기: 그릇에 바바 가누쉬, 머스터드, 메이플 시럽, 레몬즙, 마늘 가루, 소금 ½작은술, 후추 ½작은술, 올리브 오일을 넣고 섞는다. 크림처럼 부드럽지만 너무 되직해지지 않도록 한다. 되직하다면 물 1작은술을 추가한다.
3. 샐러드 만들기: 샐러드 그릇에 방울양배추, 케일, 석류씨, 호박씨, 주키니호박, 옥수수 알, 만들어 둔 드레싱 절반, 소금 ½작은술, 후추 ½작은술을 모두 넣고 섞는다. 약 45분간 냉장고에 둔다.
4. 먹기 직전에 남은 드레싱 절반을 넣고 잘 섞은 다음, 구운 된장 양파를 올려 함께 곁들여 먹는다.

배 코울슬로

한식당에서 식사를 하거나 전통 한식을 먹어 본 사람이라면 다양한 한식 메뉴에서 '샐러드'와 비슷한 메뉴를 찾기 힘들었던 경험이 있을 것이다. 전형적인 한식 상차림에서는 채소를 절여서 먹거나 그나마 익히지 않은 상추나 다른 커다란 녹색 채소들 위에 구운 고기를 올려 쌈을 싸서 먹는다. 이러한 식단은 고기의 느끼한 기름기를 잡아 주면서 동시에 식감을 돋우는 역할을 한다. 양배추와 배를 활용한 코울슬로 레시피는 테라스에서 즐기는 완벽한 바비큐 메뉴도 되고, 숯불에 익힌 검은콩 버거 위에 올려서 먹기에도 좋다.

- : 4인분
- ☆ : 낮음
- : GFO

드레싱 재료
- 레몬 ½개의 레몬즙
- 현미 조청, 아가베 시럽, 또는 메이플 시럽 2작은술
- 된장 1큰술 p.27
- 참기름 1큰술
- 물 1큰술
- 소금 ½작은술
- 후추 ½작은술

코울슬로 재료
- 가늘게 채 썬 양배추 ½통
- 가늘게 채 썬 배 1개
- 가늘게 채 썬 들깻잎 7-10장
- 가늘게 채 썬 적양파 ½컵
- 다진 펜넬 구근 ½개, 펜넬 줄기 1개
- 다진 대파 2대
- 소금 ½작은술
- 후추 ½작은술
- 슬라이스한 아몬드 ¼컵

1. 드레싱 만들기 : 작은 그릇에 레몬즙, 현미 조청, 된장, 참기름, 물, 소금, 후추를 넣고 골고루 섞는다.
2. 코울슬로 만들기 : 큰 그릇에 양배추, 배, 들깻잎, 적양파, 펜넬, 대파를 넣고 섞는다. 소금과 후추로 코울슬로 재료들에 간을 하고 아몬드를 추가한다. 드레싱을 코울슬로에 붓고 섞는다. 손으로 버무려도 좋다. 바로 먹어도 되고, 최대 하루 전에 미리 만들어서 냉장고에 보관해 두었다가 먹어도 좋다.

chef's tip
오이를 다지기 전에 오이 안에 있는 씨를 긁어낸다. 씨를 제거하지 않으면 샐러드에 물기가 많이 생길 수 있다.

대파 아이올리를 곁들인 감자 샐러드

🥣 : 6인분
☆ : 낮음
🌿 : GF, NF

샐러드 재료
- 다진 감자 2개
  *수분이 많은 감자가 좋다.
- 다진 고구마 1개
- 병아리콩 통조림 ⅔컵
- 간 강황 ¼작은술
- 다진 당근 ½컵
- 씨를 제거하고 다진 오이 ½컵
  chef's tip
- 다진 사과 1개
- 현미 조청 또는 메이플 시럽 1큰술
- 소금 1작은술
- 흑후추 ½작은술
- 백후추 ¼작은술

대파 아이올리 재료
- 아쿠아파바(병아리콩물) ¼컵
- 현미 조청 또는 메이플 시럽 ½큰술
- 미림 1작은술
- 겨자 가루 ½작은술
- 화이트 와인 식초 1작은술
- 소금 1작은술
- 다진 대파 1대
- 엑스트라 버진 올리브 오일 1컵

한국의 고깃집에서 젓가락으로 감자 샐러드를 먹는 모습은 늘 신기했다. 미국인 남편이 포크로 김치를 먹는 것처럼 이색적으로 느껴졌다. 그런데 신기하게도 감자 샐러드는 한국 식탁에 자주 오르는 반찬이다. 비록 이 특별한 요리가 한국 식탁에 어떻게 오르게 되었는지 정확하게 알 수는 없지만, 맛있다는 것은 확실하며 비건 요리로도 손쉽게 만들 수 있다.

1. 샐러드 만들기: 냄비에 물을 끓이고 감자와 고구마를 넣어 포크로 찔렀을 때 부드러워질 때까지 약 20분간 삶는다. 감자와 고구마를 건져 그릇에 담고, 수분이 조금 날아갈 때까지 기다린다. 포크로 너무 무르지 않게 으깬다.
2. 그릇에 병아리콩과 강황을 넣고 포크로 으깬 후 감자와 고구마가 담긴 그릇에 넣는다.
3. 당근, 오이, 사과, 현미 조청, 소금, 후추도 넣고 모든 재료를 골고루 섞는다.
4. 대파 아이올리 만들기: 다른 그릇에 병아리콩물, 현미 조청, 미림, 겨자 가루, 식초, 소금, 대파를 넣고 핸드 블렌더로 섞는다. 재료를 섞는 동안 올리브 오일을 용기 옆면을 따라 조금씩 붓는다. 점점 크림 형태의 소스가 될 것이다.
5. 감자 샐러드에 대파 아이올리를 5-6큰술 넣고 섞는다. 남은 아이올리는 냉장고에 한 달까지 보관 가능하다.

4. 한식의 샐러드, 김치와 나물

# 5.
하루 끝의 따뜻한 위로,
찌개와 국

찌개는 한식 중에서도 조금 덜 알려진 요리들 중 하나이다. 영어로 'chigae'로 표기되는 찌개는 'stew'로 번역되는 것이 가장 일반적이다. 보통 뚝배기에 조리되는 찌개는 김치찌개, 된장찌개, 부대찌개 등 다양한 종류가 있다. 배가 든든해지는 수프라고 할 수 있는 요리들은 주로 찌개로 분류된다. 대부분의 한식에는 찌개나 국이 함께 제공되며, 밥과 다른 반찬들과 함께 먹는다. 국은 찌개에서 재료를 줄이고 국물을 더 넣어 만들 수 있다. 예를 들어 된장찌개에는 다양한 채소와 두부가 들어가지만, 된장국에는 채소가 몇 가지 소량만 들어가고 두부는 넣지 않거나 거의 들어가지 않는 대신 국물이 넉넉히 들어간다. 5장에서는 찌개와 국을 소개하고 있다. 이제 둘 중 하나라도 없으면 식사가 허전하게 느껴지는 경험을 하게 될 것이다.

삶의 교훈이 담긴 엄마의 떡국

2018년, 지금의 남편인 앤서니와 이탈리아 로마의 아름다운 교회에서 결혼식을 올렸다. 나는 그전에 이혼한 적이 있었다. 앤서니와 함께 보낼 미래가 즐거운 마음으로 기대됐지만, 가끔 어떤 것들이 과거를 떠올리게 했다. 지금도 누군가가 떡국을 이야기할 때면, 2005년 1월 1일 아침 첫 번째 결혼식을 4개월 앞둔 그날이 떠오른다.

그날은 부모님 집에 가서 새해 인사를 드리고 엄마가 만들어 준 떡국을 먹으려고 했다. 부모님과 식탁에 마주 앉았던 그때, 엄마가 떡국 한 그릇과 작은 편지를 내게 건네주셨다. 펼쳐 보니 무언가 빼곡하게 적혀 있었다. 엄마와 아빠가 함께 쓴 그 편지에는 한 가지 절실한 호소가 담겨 있었다. "제발 넉 달 후에 이 남자와는 결혼하지 말아라."

지금은 그날 아침을 생각하면 조금 웃음 짓게 된다. 왜냐하면 부모님에게 반항했던 그때가 떠오르기 때문이다. 비록 "사랑이 전부야!"라고 소리쳤지만, 마음속으로는 부모님의 의구심이 정당하다는 것을 알고 있었다. 엄마의 얼굴은 동의하지 않는 표정으로 가득했다. 물론, 사랑도

이탈리아 로마에서 앤서니와 나(사진 케니 김)

중요하지만 그 외에 많은 것들도 중요하다는 것을 알 수 있었다. 엄마는 교훈을 통해 나를 구해 주고 싶어 했지만, 나는 어려운 길을 선택하고자 했다. 아빠는 나의 분노에 주저하며 머리를 끄덕였다. "그래. 정말로 그를 사랑한다면 네 말이 맞겠지."

그때 나는 떡국을 건드리지도 않고 부모님 집을 나왔다. 지금은 누군가를 위해 떡국을 차릴 때마다 그날의 아침을 떠올리며, 감정을 숨기고 있던 엄마의 가슴 아픈 얼굴을 생각한다. 그리고 그때 엄마의 떡국을 단 한 숟가락이라도 먹었다면 그 이후는 어떻게 달라졌을까 생각하곤 한다.

육개장

- 🥣 : 4인분
- ☆ : 중간
- 🌿 : GFO, NF

양념장 재료
- 고춧가루 ¼컵
- 간장 2큰술
- 참기름 1큰술
- 메이플 시럽 ½작은술
- 소금 ½작은술
- 후추 1작은술
- 고추장 1작은술

국 재료
- 말린 고사리 2컵
- 말린 표고버섯 4-5개
- 베이킹소다 1작은술
- 숙주 1컵
- 가늘게 채 썬 양파 ½개
- 5-6cm 길이로 썬 대파 12대
- 다진 마늘 4쪽
- 채수 6컵 p.45
- 5cm 길이의 정사각형으로 자른 다시마 p.31
- 익힌 당면 70g chef's tip
- 참기름 1큰술

사과를 따고 집으로 돌아갈 때는 할머니는 항상 "고사리다! 잠시 멈추자."라고 말씀하셨다. 아빠는 곧 브레이크를 밟았고, 할머니는 이 순간을 위해 준비해 둔 비닐봉지를 들고 차에서 내려 고사리를 따곤 했다. 고사리는 한국의 깊은 산자락에서부터 고속도로 옆길까지 거의 모든 곳에서 자라는 식물이다. 우리는 비닐봉지에 고사리를 가득 채워 담았고, 할머니의 눈은 고사리로 만들 수 있는 여러 가지 반찬과 찌개들을 생각하며 반짝거렸다. 고사리는 어릴 적 가장 좋아하던 육개장에 들어가는 핵심 재료이기도 하다. 육개장은 전통적으로 소고기와 채소가 들어가는 매운 국이다. 하지만 이 레시피에는 고기가 들어가지 않는데도 소고기 육개장에 결코 뒤처지지 않는다.

1. **양념장 만들기**: 작은 그릇에 고춧가루, 간장, 참기름, 메이플 시럽, 소금, 후추, 고추장을 섞는다.
2. **국 끓이기**: 말린 고사리와 표고버섯을 찬물에 1시간 불린다. 고사리와 표고버섯은 같은 용기에 넣어도 된다.
3. 고사리와 표고버섯을 체에 밭쳐 물을 뺀다. 작은 냄비에 물을 끓이고 냄새를 제거하기 위해 베이킹소다와 불린 고사리를 넣어 약 30분간 삶는다. 한편 표고버섯은 줄기를 제거하고 얇게 썰어 옆에 놓아둔다.
4. 숙주도 1-2분간 데치고 체에 밭쳐 물을 뺀다. 남은 열로 숙주가 더 이상 익지 않도록 찬물로 헹군다.
5. 고사리가 부드러워지면 준비해 둔 양념장, 고사리, 표고버섯, 숙주, 양파, 대파, 마늘을 섞어 약 15분간 재운다.

5. 하루 끝의 따뜻한 위로, 찌개와 국

6. 한편 큰 냄비에 채수와 다시마를 넣고 끓인다. 양념장에 재워 둔 채소와 양념장을 모두 넣고 추가로 20분간 끓인다. 다시마는 몇 분 전에 건진다.
7. 익혀 둔 당면을 넣고, 먹기 직전에 참기름을 두른다.

chef's tip
육개장에 당면이 들어간 것을 선호한다. 그러나 당면처럼 녹말 성분이 많은 면을 사용할 때는 시간이 지나면서 당면이 국물을 흡수해 면이 두꺼워지고 끈적해질 수 있다. 따라서 바로 먹을 만큼만 넣는 것이 좋다.

떡만둣국

🍚 : 4인분
☆ : 낮음
🌿 : GFO, NF

재료
- 엑스트라 버진 올리브 오일 1큰술
- 참기름 1작은술
- 다진 양파 ¼컵
- 다진 마늘 1쪽
- 소금 2작은술
- 냉동 또는 냉장 보관된 떡국떡 1½컵 p.34
- 반달 모양으로 썬 감자 1개
  *수분이 많은 감자가 좋다.
- 채수 3컵 p.45
- 만두 8-10개 p.253
- 소금과 후추

고명용 재료
- 길게 썬 계란말이 p.99
- 김 가루
- 다진 대파 2대

떡만둣국은 가장 많이 요청 받는 레시피 중 하나이다. 사람들은 내가 한식을 비건 버전으로 만든다는 걸 알게 되면, "떡국 레시피도 가능한가요?"라고 묻곤 한다. 떡국은 떡과 국물로 이루어진 굉장히 소박한 요리이다. 대표적인 한식으로, 명절과 관련된 깊은 의미가 담겨 있다. 떡은 새로운 한 해의 행운과 축복을 상징하여 주로 설날에 떡국을 끓여 먹는다. 나 또한 매년 설날이 다가오면 가족과 함께 시간을 보내지 못하더라도 추억을 떠올리며 끓여 먹곤 한다.

1. 냄비에 올리브 오일과 참기름을 두르고 중강불에서 달군다. 양파, 마늘, 소금을 넣고 2분 정도 볶아 향을 내준다.
2. 떡과 감자를 넣고 기름이 골고루 발리도록 섞는다. 채수를 넣고 끓기 시작하면 불을 낮추어 약 15분간 감자가 거의 익을 때까지 끓인다.
3. 만두는 마지막에 넣어 약 1분간 더 익힌다. 소금과 후추로 간을 맞춘다.
4. 그릇에 담고 계란말이, 김 가루, 대파를 고명으로 올려서 먹는다.

된장국

- 🍚 : 4인분
- ☆ : 낮음
- 🌿 : GFO, NF

재료
- 참기름 1큰술
- 얇게 썬 펜넬 ½개와 펜넬 줄기 1개
- 물에 불린 후 얇게 썬 말린 표고버섯 4-5개
- 다진 감자 1개
  *수분이 많은 감자가 좋다.
- 소금 1작은술
- 버섯 다시 4컵 p.41
- 된장 2큰술 p.27
- 2cm 두께로 썬 단단함이 중간 정도인 두부 1모
- 엑스트라 버진 올리브 오일 ½큰술

정관 스님은 요리할 때 동물성 재료를 배제할 뿐만 아니라 양파와 마늘도 사용하지 않는다고 한다. 이 식재료가 감각을 지나치게 자극해서 명상을 방해하기 때문이라고 한다. 이 레시피는 정관 스님에게서 영감을 받아 양파와 마늘을 사용하지 않고도 풍미를 극대화시킨, 겸손하면서도 놀라운 감칠맛이 있는 된장국이다.

1. 뚝배기나 더치 오븐에 참기름을 두르고 중강불에서 달군다. 펜넬, 표고버섯, 감자를 넣고 표고버섯이 보기 좋은 갈색이 되기 전까지 3-4분간 볶는다. 소금을 넣고 섞는다.
2. 버섯 다시와 된장을 넣고 된장이 잘 풀릴 때까지 젓는다. 불을 줄이고 감자가 완전히 익을 때까지 약 15분간 끓인다.
3. 팬에 올리브 오일을 두르고 중강불에서 달군 뒤, 두부를 올리고 한 면당 약 6-7분씩 보기 좋은 갈색이 될 때까지 굽는다. 두부를 그릇에 나누어 담고 국물을 부은 뒤 먹는다.

5. 하루 끝의 따뜻한 위로, 찌개와 국

된장찌개

콩을 발효시켜 만든 된장을 넣고 끓인 된장찌개는 이 레시피대로라면 날마다 질리지 않고 먹을 수 있다. 요리를 본격적으로 시작하기 전에, 친구네 집에서 함께 저녁을 먹게 되었고 친구는 따뜻한 된장찌개 한 그릇을 대접하였다. 처음에는 된장찌개를 먹는다는 기대감에 부풀어 올라있었다. 그러나 입에 한 숟가락을 넣자마자 곧 후회했다. 친구가 만든 찌개는 묽고 싱거웠다. 완벽하게 만들어진 된장을 낭비해 버린 것만 같았다. 된장찌개는 된장, 즉 발효된 콩이 들어가는 요리다. 된장을 넉넉하게 넣어 된장찌개의 국물이 싱거워지지 않도록 해야 한다.

🍚 : 4인분
☆ : 낮음
🌿 : GFO, NF

재료
- 참기름 1큰술
- 고춧가루 1큰술 p.30
- 다진 양파 ¼개
- 다진 마늘 3쪽
- 적당한 크기로 썬 감자 1개
- 적당한 크기로 썬 애호박 ½개
- 소금 1작은술
- 후추 ½작은술
- 된장 3큰술 p.27
- 국간장 1큰술
- 채수 2컵 p.45
- 한 입 크기로 썬 단단함이 중간 정도인 두부 1모
- 잘게 썬 대파 2대
- 씨를 제거하고 얇게 썬 청양고추 ½개

1. 뚝배기나 더치 오븐에 참기름을 두르고 중강불에서 달군다. 곧바로 고춧가루를 넣고 나무 주걱으로 젓는다. 고춧가루가 타서 색이 어두워지지 않게 주의한다. 고춧가루가 타면 쓴맛이 나게 된다.
2. 고춧가루에 거품이 생기기 시작하면 양파, 마늘, 감자, 애호박, 소금, 후추를 넣고 약 1분 간 더 조리한다. 고춧가루 향이 풍부해질 때까지 익힌다.
3. 된장을 넣고 채소에 골고루 묻도록 젓는다. 국간장을 넣어 디글레이징한다. 채수와 두부를 넣은 다음 찌개가 끓을 때까지 조리한다. 끓기 시작하면 불을 줄이고 약 20분간 감자가 부드러워질 때까지 끓인다.
4. 대파와 청양고추를 넣고 2분간 끓인 후 먹는다.

김치찌개

- : 4인분
- ☆ : 낮음
- ᪥ : GFO, NF

재료
- 참기름 1큰술
- 엑스트라 버진 올리브 오일 1큰술
- 흰 부분만 다지고 초록색 부분은 잘게 썬 대파 4대
- 다진 양파 ½컵
- 다진 생강 1작은술
- 다진 마늘 2-3쪽
- 적당한 크기로 썬 작은 크기의 감자 1개
- 새콤한 배추김치 2-3컵 p.119
- 고추장 1큰술 p.28
- 현미 조청 2작은술
- 국간장 2큰술
- 채수 2컵 p.45
- 2cm 두께로 썬 단단함이 중간 정도인 두부 1모
- 검은콩 ¼컵

김치는 오랫동안 우리들의 식탁을 책임질 수 있는 귀한 음식이다. 보통 양배추는 일주일 만에 상하기 시작하지만, 김치는 몇 달 동안 먹을 수 있다. 그러나 김치의 신맛이 점점 강해진다면, 김치찌개를 만들면 좋다. 사실 김치찌개를 만들 때는 금방 담근 김치보다는 좀 더 숙성되어 신맛이 강한 김치가 필요하다. 갓 담근 김치는 조리 과정에서도 그 맛이 유지될 만큼 충분히 숙성되지 않기 때문에 김치찌개에는 적당하지 않다. 이 레시피는 김치의 강렬한 맛을 찌개 속에서 풍부하게 살려낸다. 또한 전통적인 방식의 김치찌개에는 없는 재료인 단 한 가지, 검은콩이 들어간다. 더 많은 콩을 섭취하려는 방법을 항상 찾고 있기에 고안한 레시피다. 따끈한 밥 한 그릇과 함께 먹으면 안성맞춤이다.

1. 뚝배기나 더치 오븐에 참기름과 올리브 오일을 두르고 중불에서 달군다. 기름이 뜨거워지면 대파, 양파, 생강, 마늘, 감자를 넣고 3분 정도 볶는다.
2. 김치를 넣고 1분 정도 더 볶다가 고추장과 현미 조청을 넣고 재료에 골고루 묻도록 섞는다.
3. 국간장을 넣어 디글레이징한다. 채수를 넣고 찌개가 끓을 때까지 조리한다. 끓기 시작하면 불을 줄이고 감자가 부드러워질 때까지 15분 정도 끓인다.
4. 두부, 검은콩, 대파를 넣고 2분간 끓인 후 먹는다.

순두부찌개

순두부찌개는 엄마에게 배운 첫 한식 레시피다. 대학교를 졸업한 직후, 친구들은 집에서 좋아하는 요리를 할 수 있도록 전통적인 큰 뚝배기를 선물해 주었다. 이후 비건 식단을 시작하면서 자연스럽게 순두부찌개를 비건 버전으로 만들어 보았다. 이 요리의 핵심은 매끈한 식감을 가진 순두부다. 미국에서는 순두부를 주로 스무디를 만들 때 사용하지만 순두부는 조리하는 재료와 양념의 풍미를 보다 잘 흡수한다. 이 레시피에서는 고춧가루가 들어가 매콤한 국물과 어우러져 더욱 감칠맛이 난다. 부드럽고 연한 순두부와 조리하는 동안 우러나오는 국물이 모든 맛을 더욱 풍성하게 살려 따끈한 밥 한 그릇과 함께 먹으면 완벽하다.

: 4인분
☆ : 낮음
: GFO, NF

재료
- 참기름 1큰술
- 고춧가루 2큰술 p.30
- 다진 양파 ¼개
- 다진 마늘 3쪽
- 적당한 크기로 썬 작은 크기의 감자 1개
- 1cm 두께로 반달 모양으로 썬 애호박 ½컵
- 소금 2작은술
- 후추 ½작은술
- 국간장 1큰술
- 채수 2컵 p.45
- 순두부 2모
- 적당한 크기로 썬 대파 2대

1. 뚝배기나 더치 오븐에 참기름을 두르고 중불에서 달군다. 곧바로 고춧가루를 넣고 나무 주걱으로 젓는다. 고춧가루가 타서 색이 어두워지지 않게 주의한다. 고춧가루가 타면 쓴맛이 나게 된다.
2. 고춧가루에 거품이 생기기 시작하면 양파, 마늘, 감자, 애호박, 소금, 후추를 넣고 약 2-3분 간 더 조리한다.
3. 국간장을 넣고 디글레이징한다. 채수와 순두부를 넣은 다음 숟가락을 이용해 순두부를 큰 조각으로 조심스럽게 나눈다. 끓을 때까지 조리하고, 끓기 시작하면 불을 줄이고 감자가 부드러워질 때까지 약 20분간 끓인다.
4. 대파를 넣고 1-2분간 끓인 후 먹는다.

감자탕

- 🍚 : 3-4인분
- ☆ : 중간
- 🌿 : GFO, NF

재료
- 채수 4컵 p.45
- 슬라이스한 생강 1작은술
- 말린 표고버섯 2개
- 가늘게 채 썬 양파 1개
- 말린 홍고추 1개
- 된장 2큰술
- 다진 마늘 4쪽
- 고춧가루 2큰술
- 고추장 2큰술 p.28
- 피시 소스 p.49 또는 간장 2큰술
- 들깻가루 ¼컵
- 반으로 자른 감자 3개
  *수분이 많은 감자가 좋다.
- 숙주 1컵
- 적당한 크기로 썬 대파 2대
- 적당한 크기로 썬 들깻잎 5-6장
- 익힌 당면 70g p.149 chef's tip
- 참기름 1큰술

어릴 적 할머니께서는 감자탕을 가끔 만들어 주셨다. '감자탕'이라는 이름을 들으면 감자가 주인공인 것처럼 보이지만, 사실상 감자탕의 주재료는 돼지 어깨 부위다. 돼지고기는 조리가 까다롭고 요리 과정에서 좋지 않은 냄새가 나기도 하는데, 아마 이 때문에 할머니께서 이 요리를 자주 만들지 않으셨던 것 같다. 비건을 시작하면서 감자탕을 비건 방식으로 재현한 후, 감자가 주인공인 이 요리에 어울리는 레시피를 찾았다는 것에 매우 기뻤다.

1. 뚝배기나 더치 오븐에 채수, 생강, 표고버섯, 양파, 홍고추, 된장을 넣고 끓인다. 불을 줄이고 은은한 향이 나도록 약 45분에서 1시간 동안 끓인다.
2. 표고버섯을 건져서 얇게 슬라이스하고 국물에 다시 넣는다.
3. 작은 그릇에 물 ½컵, 마늘, 고춧가루, 고추장, 피시 소스, 들깻가루를 섞어 양념장을 만든다.
4. 양념장, 감자, 숙주를 국물에 넣고 감자가 부드러워질 때까지 약 30분간 끓인다.
5. 먹기 직전에 대파, 들깻잎, 당면, 참기름을 넣는다.

chef's tip

말린 미역은 마트에서 많이 판매된다. 이 레시피에서 사용되는 미역의 경우, 영어로는 'sea mustard' 또는 'undaria'로 표기된다. 미역은 가느다란 나뭇가지 모양으로, 다시마와는 다른 것이니 주의해서 구입해야 한다. 다시마는 채수 p.45를 만드는 데 사용되는 두꺼운 다시마 잎으로, 이 레시피에서는 사용되지 않는다.

미역국

🥣 : 4인분
☆ : 낮음
🌱 : GFO, NF

재료
- 말린 미역 28g chef's tip
- 참기름 1큰술
- 다진 마늘 2쪽
- 소금 1작은술
- 후추 ½작은술
- 국간장 1큰술
- 채수 6컵 p.45 또는 물

엄마는 "내가 진통 중일 때 간호사들이 준 목록에서 '조앤'이라는 이름을 처음 봤단다. 정말 예쁜 이름이라고 생각했어."라며 나의 이름이 지어진 에피소드를 이야기하곤 했다. 그래서 나는 모두가 병원에서 태어나기 직전 병원 목록에서 자신의 미국 이름을 얻는 줄 알며 자랐다. 엄마는 내가 태어날 때 소설을 읽고 있었다고 한다. 아마 그래서 내가 책을 그렇게 좋아하는 걸지도 모르겠다. 엄마에게 미역국을 끓여줄 사람이 있었는지 궁금하다. 미역국은 여성들이 출산 후에 기력을 회복하기 위해 먹거나 생일에 먹는 음식이다. 미역에 참기름을 살짝 넣어 달달 볶아서 국에 넣으면 훨씬 부드러워진다.

1. 큰 그릇에 미역을 넣고 찬물에 15분 정도 불린다. 미역을 헹궈서 건지고 부드러운 행주로 닦는다. 가위로 미역을 한 입 크기로 자른다.
2. 냄비에 참기름을 두르고 약불에서 미역과 마늘을 함께 볶는다. 약 3분 정도 볶고 소금과 후추로 간을 한다. 국간장을 넣고 디글레이징한다.
3. 채수를 넣고 약불에서 20분간 더 끓인다. 소금과 후추를 사용하여 추가로 간을 맞춘다.

감잣국

- 🍲 : 4인분
- ☆ : 낮음
- 🌿 : GF, NF

재료
- 참기름 1큰술
- 가늘게 채 썬 중간 크기의 감자 2개 *수분이 많은 감자가 좋다.
- 가늘게 채 썬 대파 ¼컵
- 다진 마늘 3쪽
- 가늘게 채 썬 샬롯 1개
- 잘게 썬 애호박 ¼컵
- 소금 2작은술
- 후추 1작은술
- 채수 4컵 p.45

간단하면서 맛도 좋은 감잣국은 아빠가 엄마를 위해 자주 만드는 음식 중 하나이다. 어느 날 엄마는 "아빠가 만드는 감잣국이 최고야. 간단하지만 정말 맛있어."라고 전화로 속삭였다. 종종 엄마와 아빠가 드시는 음식에서 영감을 받아 레시피를 변형해 보곤 한다. 직접 만든 채수로 손쉽게 감잣국을 만들어 보았다.

1. 뚝배기나 더치 오븐에 참기름을 두르고 중강불에서 달군다. 감자, 대파, 마늘, 샬롯, 애호박을 볶는다. 양파가 투명해질 때까지 2-3분 정도 볶는다. 소금과 후추로 간을 한다.
2. 채수를 넣고 끓인다. 중약불로 줄이고 감자가 부드러워질 때까지 15분간 끓인다. 소금과 후추를 사용하여 추가로 간을 맞춘다.

6.
쉽고 맛있게 뚝딱,
면 요리와 파스타

영어로 'noodle'에 해당하는 한식은 모두 'guksoo' 또는 'myun'으로 표기되며 한국어로는 국수나 면으로 불린다. 그러나 국수와 면을 명확하게 구분하기가 어려워 어떤 경우에는 면을 쓰고 또 다른 경우에는 국수를 쓰기도 한다. 다만 일반적으로 국수는 면보다 좀 더 얇다. 대부분의 한식에서는 처음부터 밥과 반찬을 함께 먹지만, 면을 기반으로 한 식사는 반찬이 거의 없이 대체로 김치만 나온다. 면 요리는 소스를 기반으로 한 짜장면 등과 국물을 기반으로 한 김치 국수 등이 있다. 대부분의 국수와 면은 밀가루로 만들기 때문에 글루텐 프리가 아니다. 단, 당면을 활용한 잡채처럼 일부 음식들은 고구마 전분으로 만들어 글루텐 프리인 경우도 있다. 그러나 이런 경우에도 대체로 밥이 아닌 반찬으로 취급된다. 6장에서는 쉽고 맛있게 즐길 수 있는 면 요리와 이탈리안 파스타 레시피가 포함되어 있다. 파스타 레시피는 시아버지께서 알려 주신 레시피들로부터 영감을 받았으며, 그에 대한 경의를 담은 것이다.

아빠와 먹었던 요리에 담긴 추억

　　간호사였던 엄마는 가끔 야간 근무를 하셨다. 그래서 저녁 식사를 하기 전에 출근했다가 식구들이 잠들어 있을 때 퇴근하시곤 했다. 엄마가 야간 근무를 끝내고 돌아오길 기다리던 첫날, 아빠는 저녁 식사를 하지 않으셨다. 대신 부엌에 가서 자신만의 요리를 실험하셨다. 아빠는 요리하는 것을 좋아하셨고 시간이 지날수록 꽤 능숙해지셨다. 사실 이제 나는 다른 누구보다도 아빠의 떡국을 좋아한다. 맑은 국물 안에 얇게 썬 고추들이 동동 떠다니는 콩나물국과 얇게 썬 배, 오이, 볶은 참깨를 올린 아빠표 냉면은 정말 맛이 일품이다.

　　그렇지만 아빠가 부엌에서만 시간을 보낸 것은 아니다. 가끔 아빠는 나와 남동생을 데리고 시내로 가서 외식을 즐겼다. 아빠가 가장 좋아하는 짜장면을 먹기 위해 코리아타운에 있는 한 작은 중국계 한식당에 자주 갔다. 민트색 기둥들이 화려한 붉은 지붕을 받치고 있었고, 외딴 주차장 가운데에 홀로 서 있는 일 층짜리 건물이었다.

　　식당이 문을 여는 오전 11시, 우리만이 유일한 손님이었다. 식당 안에는 한때는 밝았지만 지금은 색이 바랜 중국 전통 전등들이 천장에 매달려 있었다. 우리를 맞이하는 상냥한 직원은 검은색 옷을 입고 재빠르게 눈썹을 움직이며 미소와 함께 인사를 건넸다. 직원은 우리를 창가 테이블로 안내했고, 아빠에게 메뉴판을 건넸

아빠, 남동생, 그리고 나

이탈리아 로마에서, 우리 부모님

다. 아빠는 메뉴판을 읽어 보지도 않고, 삼선짜장면 두 개를 주문했다. 하나는 아빠가 드실 것, 다른 하나는 나와 남동생 몫이었다.

짜장면은 배달 앱이 생기기 전에도 전화로 주문해서 시켜 먹는 대표 메뉴였다. 남자친구와 싸웠을 때, 개가 배변 훈련을 이해하지 못할 때, 기분이 안 좋을 때, 이를 떨칠 수 있는 쉬운 방법은 맛있는 음식을 먹는 것뿐이다. 볶은 짜장 소스와 맛이 깊고 풍부한 육수로 만드는 짜장면이 그중 하나다.

짜장면은 내가 처음 이가 빠졌을 때 아빠가 사주신 음식이었고, 무수한 생일을 함께한 음식이기도 하며, 아빠가 매해 아빠의 날에 요청하는 음식이기도 했다. 내가 처음으로 대형 로펌에서 일을 시작하고 도시의 이탈리안 레스토랑에 아빠를 데려갔을 때 먹은 파스타를 포함하여 그 어떤 곳에서도 짜장면을 따라올 면 요리는 없었다.

짜장면을 먹으러 가면 직원은 작은 접시에 노란 형광색의 반달 모양 단무지, 양파, 짜장 소스, 그리고 중국식 무김치를 가져다주었다. 우리 세 사람은 나무젓가락을 두 쪽으로 나누고, 아무 말 없이 식전 반찬들을 골라 먹기 시작했다. 곧 직원은 하얀 면발이 담긴 그릇 두 개와 짜장면 소스가 담긴 그릇 두 개 그리고 빈 그릇 한 개를 가져다주었다. 아빠는 젓가락으로 능숙하게 짜장 소스와 면을 비벼서, 나와 남동생 그릇에 각

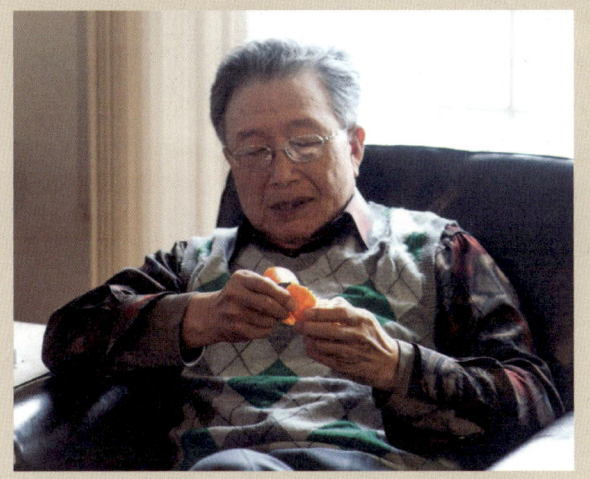

각 나눠 담았다. 걸쭉하고 검은색을 띠는, 적포도주 같이 반짝거리고 찰진 짜장 소스는 쫄깃한 면에 잘 어우러진다. 게다가 호박, 양파, 감자 등 몸에 좋은 재료들이 푸짐하게 들어가 단순히 소스의 맛에만 그치지 않고 제대로 된 식사를 하는 기분이 든다.

타이츠를 입고 놀던 어린 시절

짜장면

🥣 : 4인분
☆ : 낮음
🌿 : NF

재료
- 말린 표고버섯 큰 것 3개 또는 중간 것 4개
- 엑스트라 버진 올리브 오일 3큰술
- 깍둑썰기한 콩고기 ½개 chef's tip
- 다진 마늘 2-3쪽
- 다진 양파 ½컵
- 깍둑썰기한 감자 1개
  *수분이 많은 감자가 좋다.
- 깍둑썰기한 애호박 ¾컵
- 다진 양배추 ½컵
- 소금 ½작은술
- 살짝 간 후추 ½작은술
- 짜장 ¼컵 p.28
- 국간장 1큰술
- 버섯 다시 ½컵 p.41
- 현미 조청 2큰술
- 감자 전분 2큰술
- 삶은 면 4인분 chef's tip
- 가늘게 채 썬 오이 1컵

어릴 적 짜장면을 '한국식 스파게티'라고 불렀다. 짜장면은 한국에서 가장 인기 있는 면 요리 중 하나로, 오스카상 수상작인 한국 영화 〈기생충〉에서 주인공이 짜장면을 먹는 장면으로 전 세계적으로도 더욱 유명해졌다. 고운 페스토를 연상시키는 윤기 있고 진득한 춘장을 볶아 만든 짜장 소스는 가늘게 채 썬 오이와 궁합이 잘 맞는다.

1. 말린 표고버섯을 찬물에 1시간 동안 불린 후, 줄기는 제거하고 갓만 얇게 썬다.
2. 큰 프라이팬이나 웍에 올리브 오일 ½큰술을 두르고 중불에서 달군다. 기름이 뜨거워지면 표고버섯과 콩고기를 넣고 보기 좋은 갈색이 될 때까지 약 5분간 볶는다. 팬에서 꺼내어 따로 놓아둔다.
3. 팬에 올리브 오일 ½큰술을 두르고 중불에서 달군다. 마늘, 양파, 감자, 애호박, 양배추를 넣고 소금과 후추로 간을 한다. 양파가 투명해질 때까지 약 2-3분간 볶는다. 채소를 팬에서 꺼내어 따로 놓아둔다.
4. 팬 중앙에 남은 올리브 오일 2큰술을 두르고 중불에서 달군다. 오일이 뜨거워지면 짜장을 오일 바로 위에 넣는다. 나무 주걱을 사용하여 짜장 소스를 계속 오일과 섞어 가며 타지 않게 주의한다. 짜장 소스에 윤기가 생길 때까지 1-2분간 계속 젓는다.
5. 볶아 둔 표고버섯, 콩고기, 채소에 짜장 소스를 넣고 골고루 섞는다.

6. 국간장을 넣어 디글레이징한다. 버섯 다시와 현미 조청을 넣는다. 끓인 뒤 뚜껑을 덮고 감자가 거의 익을 때까지 약 5분간 젓는다.

7. 감자 전분을 물 ¼컵에 녹여 전분물을 만든다. 전분물을 짜장 소스에 넣고 농도가 되직하고 윤기가 생길 때까지 1분간 더 조리한다.

8. 선호하는 면과 함께 그릇에 담고 가늘게 채 썬 오이로 장식한다. 짜장면으로 먹고 남은 짜장 소스는 밥 위에 얹어 먹어도 좋다.

chef's tip

중식에서는 수백 년 동안 육류를 다른 것으로 대체해 왔다. 집에서 가장 가까운 마트에 들러 두부 코너를 한번 살펴봐도 좋다. 나는 주로 짜장면에 넣을 대체 재료로 콩고기를 즐겨 사용한다. 템페 또는 튀긴 두부를 사용할 수도 있다. 또한 감칠맛이 뛰어난 짜장 소스는 취향에 맞는 면과 함께 먹으면 된다. 새롭게 글루텐 프리 파스타를 사용해 볼 수도 있다. 그러나 보다 전통적인 방법을 선호한다면, 냉동된 생우동이나 짜장면 사리를 사용해 보자.

칼국수

- 🥣 : 4인분
- ☆ : 중간
- 🌿 : NF

국수 재료
- 중력분 2½컵(350g)
- 식물성 오일 2큰술
- 소금 1작은술

국물 재료
- 참기름 1큰술+1작은술
- 엑스트라 버진 올리브 오일 2큰술
- 고춧가루 3큰술+1작은술 p.30
- 다진 마늘 3쪽
- 다진 생강 1작은술
- 물에 불린 후 얇게 썬 말린 표고버섯 3-4개
- 잘게 썬 대파 4대
- 채 썬 쪽파 ¼컵
- 다진 양배추 ¼컵
- 가늘게 채 썬 애호박 ¼컵
- 가늘게 채 썬 양파 ½컵
- 가늘게 채 썬 당근 ¼컵
- 다시마 가루 2큰술
- 소금 1작은술
- 피시 소스 1큰술 p.49
- 국간장 2큰술
- 메이플 시럽 ½작은술
- 채수 6컵 p.45

국수를 직접 만드는 것은 어렵고 두려운 과정일 수 있다. 그동안 인터넷에서 국수 만드는 방법을 설명한 수많은 동영상과 수업을 찾아보고, 어깨가 뻐근해질 정도로 반죽을 치대고, 성공적인 국수 만들기의 핵심 요소인 '탄력성'을 확보하기 위해 여러 재료와 방법들을 시도해 보았다. 그 과정을 거쳐, 칼국수가 수많은 한국식 면 요리 중에서도 가장 쉽다는 결론을 내렸다. 굳이 반죽을 무리하게 만들거나 비싼 기계를 사용하거나 아주 긴 면발을 뽑아내지 않아도 되기 때문이다. 이번에는 다른 면 요리인 짬뽕을 참고하여, 해산물을 곁들인 칼국수 레시피를 소개한다.

1. **국수 만들기**: 스탠드 믹서에 훅을 장착하고 또는 큰 그릇에 중력분, 물 1컵, 식물성 오일, 소금을 섞는다. 저속에서 또는 큰 숟가락으로 반죽이 만들어질 때까지 섞는다.
2. 중속으로 10분간 반죽한다. 또는 그릇에서 반죽을 꺼내어 손바닥으로 직접 반죽을 접으면서 누른다. 30도씩 회전시켜가며 총 15분간 이 과정을 반복한다.
3. 반죽을 매끈한 공 모양으로 만든 후 밀폐 용기에 넣고 최소 4시간 최대 24시간 동안 냉장고에 넣어 둔다.
4. 숙성이 끝난 반죽을 냉장고에서 꺼낸다. 작업대에 덧가루를 가볍게 뿌리고, 반죽을 2등분한다. 반죽 하나를 아주 얇은 두께의 타원형 또는 직사각형으로 밀어서 편다.
5. 작업대에 덧가루를 조금 더 뿌리고 반죽을 다시 올린다. 반죽에도 덧가루를 약간 뿌려 반죽이 서로 붙지 않도록 한다. 아래에서부터 3.5cm씩 반죽을 접어 올린다. 이 과정을 반

복하여 여러 겹의 층으로 반죽을 쌓아 올린다. 칼을 사용하여 접힌 반죽을 0.5cm 폭으로 자른다. 손에 충분히 덧가루를 뿌리고 국수를 부드럽게 흔들어 주면 국수들이 서로 쉽게 떨어진다. 나머지 반죽도 동일한 과정을 반복한다.

6. 국물 만들기: 냄비에 참기름 1큰술과 올리브 오일을 두르고 중불에서 달군다. 뜨거워진 기름에 고춧가루 3큰술을 넣고 나무 주걱으로 계속 저어 주면서 거품이 생길 때까지 볶는다.

7. 마늘, 생강, 표고버섯, 대파, 쪽파, 양배추, 애호박, 양파, 당근을 넣고 볶는다. 양파가 투명해질 때까지 2-3분간 볶는다. 다시마 가루와 소금을 넣는다.

8. 피시 소스, 국간장, 메이플 시럽을 넣고 디글레이징한다. 채수를 추가하고 불을 줄여 뭉근하게 끓인다.

9. 국물이 끓는 동안 큰 냄비에 물을 끓인다. 만든 칼국수 면을 넣고 2분간 삶는다. 국수가 아직 완전히 익지 않은 상태가 좋다. 익힌 국수를 건져서 국물에 넣고 면이 살짝 더 익어서 부드러워질 때까지 2-3분간 삶는다.

10. 마지막에 남은 참기름 1작은술과 고춧가루 1작은술을 넣는다.

chef's tip

칼국수 면은 표면에 밀가루가 묻어 있어서 국물이 걸쭉해질 수 있기 때문에 곧바로 국물에 넣지 않도록 주의한다. 면을 따로 살짝 익히고 이후에 국물에 넣어 끓이는 것이 좋다.

냉면

- 🥣 : 4인분
- ☆ : 낮음
- 🌿 : NF

양념장 재료
- 껍질을 제거하고 적당한 크기로 썬 배 1개
- 적양파 ¼개
- 적당한 크기로 썬 대파 4대
- 마늘 4쪽
- 간 생강 2작은술
- 고춧가루 ½컵 p.30
- 고추장 ¼컵 p.28
- 현미 조청 ½컵
- 참기름 6큰술
- 쌀식초 ¼컵
- 간장 2큰술
- 소금 2작은술
- 후추 2작은술

면 재료
- 냉면 면 720g chef's tip
- 채수 4컵 p.45
- 미림 ¼컵
- 쌀식초 ¼컵

고명용 재료
- 얇게 썬 작은 크기의 오이 1개
- 가늘고 길게 썬 계란말이 1개 p.99

냉면은 항상 아빠를 떠올리게 한다. 왜냐하면 아빠가 처음으로 만들어 주신 음식 중 하나기 때문이다. 남동생과 나는 아빠가 완벽한 냉면 만들기에 성공하기까지 싱겁거나, 면이 덜 삶아지거나, 퉁퉁 불은 냉면들을 무수히 맛보았다. 완벽한 맛의 냉면은 어떤 것일까? 냉면에는 크게 두 종류가 있다. 비빔냉면과 물냉면이다. 비빔냉면은 매운맛과 신맛, 감칠맛을 동시에 느낄 수 있다. 물냉면은 차가운 국물의 상큼한 맛을 즐길 수 있다. 이 두 가지 냉면을 조합해서 좀 더 완벽한 냉면을 만들 수는 없을까? 불가능할 이유는 없다는 결론을 내리고 여기서 소개하는 냉면 레시피는 비빔냉면과 물냉면의 장점을 모두 갖춘, 복합적이고 상큼한 면 요리다.

1. **양념장 만들기**: 푸드 프로세서에 배, 적양파, 대파, 마늘, 생강, 고춧가루, 고추장, 현미 조청, 참기름, 쌀식초, 간장, 소금, 후추를 넣고 곱게 간다. 양념장을 냉장고에 넣어 보관한다. 냉장고에 최대 1주일 동안 보관할 수 있다.
2. **면 준비하기**: 큰 냄비에 물을 끓인다. 냉면 면을 넣고 쫄깃한 상태가 되도록 3분 정도 삶는다. 면을 체에 밭쳐 흐르는 찬물에 헹궈서 식힌다.
3. 그릇에 채수, 미림, 쌀식초를 섞는다. 깊은 그릇에 완성한 채수를 넣고 그 위에 얼음을 3-4개 추가한다. chef's tip
4. 면을 4등분해서 각 그릇에 나누어 담고 면 위에 양념장을 4-6큰술씩 두른다. 각자 선호하는 맵기에 따라 조절 가능하다.
5. 면 위에 오이, 계란말이, 김치, 배를 올리고 참깨를 뿌리고

- 배추김치 ½컵 p.119
- 가늘게 채 썬 배 ¼개
- 볶은 참깨 2큰술
- 참기름 4작은술

참기름을 가볍게 두른다.

chef's tip

대부분의 마트에서는 냉면 면과 육수, 양념장이 함께 키트로 판매된다. 냉면에는 국물이 많은 물냉면과 비벼 먹는 비빔냉면이 있다. 이 레시피에서는 키트의 육수나 양념장은 사용하지 않았기 때문에, 어느 종류의 냉면 면을 사용해도 괜찮다. 또한 얼음을 넣는 대신 채수를 약 30분 정도 냉동실에 얼려서 거의 슬러시 상태로 만들어도 좋다. 면, 채수, 양념장을 넣고 고명을 올리는 동안 슬러시가 면에 상큼함을 더해 줄 것이다.

잡채

- 🍚 : 4인분
- ☆ : 낮음
- 🌿 : GFO, NF

재료
- 당면 200g
- 다듬은 시금치 4컵
- 올리브 오일 2큰술
  +추가로 필요한 만큼
- 소금과 후추
- 얇게 채 썬 당근 1개
- 얇게 채 썬 빨간색 파프리카 ¼컵
- 얇게 채 썬 노란색 파프리카 ¼컵
- 얇게 채 썬 초록색 파프리카 ¼컵
- 얇게 채 썬 적양배추 ½컵
- 얇게 채 썬 양파 ½컵
- 다진 마늘 1큰술
- 얇게 슬라이스한 버섯 4-5개
- 간장 3큰술
- 메이플 시럽 2큰술
- 참기름 1큰술
- 볶은 참깨 1큰술

잡채는 생일, 추수감사절, 그리고 크리스마스마다 먹는 특별한 메뉴다. 잡채는 한식 버전의 따뜻한 파스타 샐러드로 생각할 수 있는데, 안에는 글루텐이 없는 당면과 다양한 채소들이 가득 들어간다. 하지만 들어가는 채소는 각각 채 썰어서 따로 볶아야 하는데, 이 과정이 오래 걸리고 손도 많이 가기 때문에 주로 특별한 날에 먹는다.

1. 당면을 물에 약 15분간 불린다.
2. 끓는 물에 시금치를 넣고 약 2분간 살짝 익힌다. 익힌 시금치를 물에 헹군 뒤 최대한 물기를 짜낸 후 따로 놓아둔다.
3. 프라이팬에 올리브 오일 1큰술을 두르고 중불에서 달군다. 당근, 파프리카, 적양배추가 부드러워질 때까지 하나씩 볶는다. 소금과 후추로 간하고 필요한 경우 오일을 추가한다. 다 볶은 채소들은 큰 그릇에 옮겨 둔다. 채소들을 모두 따로 볶는 이유는 각각의 풍미가 섞이지 않도록 하기 위함이다.
4. 같은 팬에 남은 올리브 오일 1큰술을 두르고 중불로 달군다. 양파, 마늘, 버섯을 넣고 소금과 후추로 간하며 버섯이 보기 좋은 갈색이 될 때까지 약 5분간 볶는다. 간장 1큰술과 메이플 시럽 1큰술을 넣어 디글레이징한다.
5. 양파, 마늘, 버섯을 큰 그릇에 옮기고 익혀 둔 시금치도 큰 그릇으로 옮긴다.
6. 큰 냄비에 물을 끓여서 당면을 넣고 3분간 익힌다. 찬물 ½컵을 냄비에 추가하고 물이 다시 끓을 때까지 기다린다. 다시 끓어오르면 면이 익었는지 확인하고 찬물을 조금씩 더

넣는다. 물이 끓어 넘치지 않고 면이 부드럽고 쫄깃하게 익을 수 있도록 이 과정을 반복한다.

7. 당면이 다 익었다면 찬물에 헹구고 물기를 제거한 뒤, 채소를 담아 둔 그릇에 넣는다.
8. 나머지 간장 2큰술, 메이플 시럽 1큰술, 후추, 참기름, 참깨를 넣는다.
9. 젓가락이나 깨끗하게 씻은 손으로 잘 버무린다. 맛을 보고 간장, 메이플 시럽, 후추를 추가로 넣으며 간을 조절한다. 개인적으로는 잡채에는 달콤한 양념이 잘 어울린다.

김치 국수

🥣 : 4인분

☆ : 낮음

🌿 : NF

재료
- 엑스트라 버진 올리브 오일 2큰술
- 다진 마늘 2쪽
- 적당한 크기로 썬 배추김치 2컵 p.119
- 고추장 2큰술 p.28
- 버섯 다시 6컵 p.41
- 소면 450g
- 김치 국물 ¼컵
- 매콤한 간장 드레싱 2큰술 p.51
- 참기름 1작은술
- 볶은 참깨 1큰술

김치 국수는 간단하고 푸짐하며 맛있는 요리 중 하나로, 많은 시간과 재료가 필요하지 않지만 마치 부엌에서 하루 종일 요리를 한 것만 같은 깊은 맛이 난다. 색상, 모양, 크기, 브랜드가 다양한 면이 있는데 대부분의 국수 요리는 얇은 면을 사용한다. 나는 보통 라면이나 짜장면과 같이 두껍고 쫄깃한 면을 선호하지만, 매콤한 김치 국수에는 얇은 면을 사용하여 만들어 보았다. 이 레시피는 정말 간단하고 맛있어서 조리 시작부터 첫술을 뜰 때까지 30분이면 충분하다.

1. 냄비에 올리브 오일을 두르고 중불에서 달군다. 마늘과 김치를 넣어 2분간 볶는다.
2. 고추장을 넣고 골고루 섞이도록 젓는다. 버섯 다시를 넣고 디글레이징한다. 끓어오르면 불을 낮추고 김치가 약간 부드러워질 때까지 15분간 끓인다.
3. 큰 냄비에 물을 끓인다. 소면을 조리법 안내에 따라 삶는다. 너무 오래 삶지 않도록 주의한다. 보통 3-4분이면 충분하다. 면을 체에 밭쳐 흐르는 찬물에 헹궈서 식힌다.
4. 면을 4등분해서 각 그릇에 나누어 담고 국물을 적당히 붓는다. 각 그릇에 김치 국물 1큰술을 넣는다. 매콤한 간장 드레싱과 참기름을 조금 두르고 참깨를 뿌린다.

앵그리 펜네 파스타

🥣 : 4인분
☆ : 낮음
🌱 : GFO, NF

재료
- 펜네 파스타 340g
- 엑스트라 버진 올리브 오일 1큰술
- 다진 적양파 ¼컵
- 다진 마늘 4쪽
- 다진 빨간색 파프리카 1개
- 다진 홍고추 1개
- 소금 1작은술
- 후추 ½작은술
- 다진 토마토 2컵
- 고춧가루 1큰술 p.30
- 고추장 1큰술 p.28

비건을 시작하기 전에 앤서니와 함께 집 근처 이탈리아 레스토랑에 자주 가곤 했다. 이곳에서 아라비아타 파스타를 주문했는데, 그릇 가득히 담긴 붉은색 소스에 향긋한 고추 한 개가 올려져 있었다. '아라비아타'는 '화가 난angry'이라는 뜻을 담고 있다. 남편이 어릴 때부터 즐겨 먹던 이탈리아 요리에 나의 어린 시절 맛을 접목시켜 보면 어떨까 생각하며 고추장과 고춧가루를 사용하여 매콤한 맛이 특징인 앵그리 펜네 파스타를 만들어 보았다.

1. 큰 냄비에 물을 끓인다. 파스타 면을 조리법 안내에 따라 삶는다.
2. 중간 크기의 냄비에 올리브 오일을 두르고 중강불에서 달군다. 그리고 적양파, 마늘, 파프리카, 홍고추, 소금, 후추를 넣고 양파가 투명해질 때까지 약 3분간 볶는다.
3. 토마토와 소금을 넣고 섞는다. 고춧가루와 고추장을 넣고 골고루 묻도록 섞는다. 파스타를 익힐 때 나온 물 1/4컵을 넣고 섞는다.
4. 볶은 채소를 불에서 내리고 핸드 블렌더로 간다. 일반 블렌더로 해도 좋다. 내용물이 뜨거우므로 주의한다.
5. 파스타 면이 살짝 덜 익은 상태일 때 물을 따라 내고 냄비에 다시 넣는다. 중불을 유지하면서 블렌더로 갈아 둔 소스를 면과 함께 섞는다.

수제비

🥣 : 4인분
☆ : 중간
🌿 : NF

수제비 재료
- 중력분 2½컵
- 따뜻한 물 ¾컵
- 소금 1작은술
- 식물성 오일 1큰술

국물 재료
- 채수 6컵 p.45
- 5cm 길이로 자른 다시마 2장 p.31
- 말린 표고버섯 2개
- 다진 샬롯 1개
- 얇은 두께로 반달 모양으로 썬 감자 1개
- 다진 대파 2대

양념장 재료
- 고춧가루 1큰술 p.30
- 국간장 1큰술
- 고추장 ½큰술 p.28
- 참기름 ½큰술
- 메이플 시럽 ½작은술

"나는 수제비가 정말 싫어. 네 외할머니가 물뿐인 수제비를 만들어 주셨거든. 그땐 가난해서 다른 재료를 살 돈이 없었어." 한국인들이 좋아하는 요리인데도, 엄마는 수제비를 마치 그릇에 보잘것없는 진흙을 담은 것처럼 말했다. 나중에 나는 엄마에게 내가 만든 수제비 사진을 보여 주며 할머니처럼 면을 얇게 만드는 것이 얼마나 어려운 것인지 이야기했다. 엄마는 "맞아! 얇게 만든 면이 최고야. 난 얇은 면을 좋아해."라고 말했다. 아마도 엄마가 정말 싫어한 것은 수제비를 자주 만들어야 했던 상황 자체였을지도 모르겠다고 생각했다.

1. **수제비 만들기**: 중력분, 따뜻한 물, 소금, 식물성 오일을 푸드 프로세서에 넣고 약 4분간 작동시켜 반죽을 만든다.
2. 반죽을 푸드 프로세서에서 꺼내어 매끈한 공 모양으로 만든다. 반죽을 랩으로 감싸서 최소 1시간 최대 24시간 동안 냉장고에서 숙성한다.
3. **국물 만들기**: 큰 냄비에 채수, 다시마, 표고버섯을 넣고 강불에서 끓인다. 불을 낮추고 약 20분간 끓인다.
4. 다시마와 버섯을 건져 낸다. 다시마를 리본 모양으로 자른다. 표고버섯은 줄기는 제거하고 갓 부분을 얇게 썬다. 다시마와 버섯을 다시 채수에 넣고 샬롯, 감자, 대파를 추가한다. 약불에서 감자가 부드러워질 때까지 약 15분간 익힌다.
5. **양념장 만들기**: 작은 그릇에 고춧가루, 국간장, 고추장, 참기름, 메이플 시럽을 섞는다. 그리고 양념장을 국물에 넣고 약불로 줄인다. 양념장이 국물에 골고루 섞이도록 젓는다.

6. 냉장고에서 반죽을 꺼내서 2-3분간 가볍게 치댄다. 반죽을 4등분해서 각 덩어리가 한 손에 편하게 쥐어질 정도의 크기로 만든다. 손으로 반죽 하나를 잡고 주물러서 부드럽게 만든다.

7. 손으로 반죽을 천천히 늘린다. 그러면 반죽이 살짝 투명해지고 자연스럽게 찢어질 정도로 얇아진다. 손으로 반죽을 조금씩 떼어 국물에 넣는다. 만들고자 하는 수제비 양만큼 나머지 반죽들도 같은 방법으로 떼어 넣는다.

8. 반죽에서 나오는 전분으로 국물이 지나치게 걸쭉해지지 않도록 주의한다. 국물이 걸쭉하다면 물이나 채수를 조금 넣어서 농도를 조절한다.

9. 남은 반죽은 비닐이나 랩에 싸서 냉장고나 냉동실에 보관해 두고 나중에 사용한다.

콩나물 라면

🍲 : 4인분
☆ : 중간
🌱 : GFO, NF

재료
- 꼬리를 다듬은 콩나물 1컵
- 5cm 정사각형으로 자른 다시마 p.31
- 한천 4작은술 chef's tip
- 라면 또는 글루텐 프리 사리 1개
- 소금 2작은술
- 다진 대파 1대
- 얇게 슬라이스한 청양고추 1개
- 반찬용 김치

콩나물국은 아빠가 어릴 적 나와 남동생에게 무슨 음식을 만들어 줄지 고민될 때 해 주시던 요리였다. 남동생과 나는 콩나물국에 밥과 김치를 곁들여 먹곤 했다. 나는 특히 콩나물국의 맑은 국물을 좋아했다. 그래서 이 콩나물 라면을 콩소메 방식(맑은 국물을 만드는 프랑스식 조리법)으로 만들어 보았다. 면 요리의 달인이었던 아빠를 떠올리며 라면 사리를 넣어 끓여 보았다.

1. 큰 냄비에 콩나물, 다시마, 물 8컵을 넣고 끓인다. 그런 다음 중불로 줄이고 약 1시간 동안 끓인다.
2. 중간 크기의 냄비 위에 체를 걸친다. 콩나물과 다시마를 끓인 국물을 체로 걸러 냄비에 담는다. 다시마는 버리고 콩나물은 따로 보관해 둔다.
3. 국물 냄비를 중불로 두고 한천을 넣어 끓인다. 국물이 농축되기 시작할 때까지 약 1분간 계속 젓는다. 그릇을 불에서 내린다.
4. 냄비에 있는 국물을 젤리처럼 굳혀야 하므로 냉장고에 넣어서 약 1시간 동안 굳힌다.
5. 굳어진 국물을 큰 조각으로 잘라서 용기에 담아 냉동실에서 최소 12시간 동안 얼린다. 각 조각이 서로 닿지 않도록 한다. 붙으면 해동할 때 분리하기 어려울 수 있다.
6. 국물이 완전히 얼면 냉동실에서 꺼내 충분히 녹을 수 있도록 실온에서 조금씩 해동시킨다.
7. 큰 체에 거름천을 깔고 냄비 위에 체를 올려놓는다. 거름천이 없으면 커피 필터를 사용해도 된다. 체에 얼음 조각을 최

대한 많이 올려놓고, 그 얼음 조각이 체를 통과하여 냄비 안에 녹아 흐르도록 한다. 이 액체가 콩소메다. 남은 얼음 조각들이 모두 녹을 때까지 반복한다.

8. 콩소메를 끓인 후 라면 사리를 넣는다. 면이 탄탄하게 익도록 젓가락으로 면을 약 30초마다 뜨거운 국물에서 몇 초간 들어 올린다. 면이 살짝 덜 익은 상태일 때까지 익힌다.

9. 익혀 둔 콩나물, 소금, 대파, 청양고추를 냄비에 넣고 1분간 더 끓인 후 김치와 함께 먹는다.

chef's tip

한천은 해조류로 만든 식물성 젤라틴이다. 일반적인 젤라틴은 동물성 원료로 만들어지는 경우가 많은데, 한천은 좋은 식물성 대체 식품이 된다. 또한 철분, 섬유질, 망간과 같은 영양소를 풍부하게 함유하고 있다. 그렇다고 맛에 대해 걱정할 필요는 없다. 특유의 맛이나 향이 전혀 없어 부담 없이 사용할 수 있다.

아라비아타 떡볶이

떡볶이는 한국의 가장 대중적인 길거리 음식으로, 길쭉한 원통 모양의 가래떡에 매콤한 양념을 더해 만든다. 매운 떡볶이를 먹다 보면 땀이 나기도 하는데, 그래서 난 떡볶이를 '파이어 케이크 firecakes'라고도 부르기도 한다. 앵그리 펜네 파스타 p.187 레시피를 개발한 뒤에 이 양념장을 좀 더 달콤하고 풍미 있는 떡볶이 소스로 변형시킬 수 있다고 생각했다. 한국 음식점에서 이런 종류의 떡볶이를 찾아볼 수는 없겠지만, 그 이름처럼 매콤하고 맛있다.

: 4인분
☆ : 낮음
: GFO, NF

재료
- 엑스트라 버진 올리브 오일 1큰술
- 다진 빨간색 파프리카 1개
- 다진 홍고추 1개
- 다진 마늘 4쪽
- 다진 적양파 ¼컵
- 다진 당근 1개
- 다진 주키니호박 ½개
- 소금 1작은술
- 후추 1작은술
- 적당한 크기로 썬 토마토 2컵
- 냉장 또는 냉동 가래떡 600g p.34
- 고춧가루 1큰술 p.30
- 고추장 1큰술 p.28
- 버섯 다시 ½컵 p.41
- 다진 양배추 ½컵
- 다진 대파 2대

1. 냄비에 올리브 오일, 파프리카, 홍고추, 마늘, 적양파, 당근, 주키니호박, 소금, 후추를 넣는다. 중불에서 양파가 투명해질 때까지 약 2분 정도 볶는다.
2. 토마토를 넣고 소금을 살짝 뿌린 뒤 토마토가 부서지기 시작할 때까지 계속 저어 주며 약 5분간 익힌다.
3. 가래떡, 고춧가루, 고추장을 넣고 떡에 양념이 골고루 묻도록 버무린다. 버섯 다시를 넣는다. 끓기 시작하면 불을 낮춰서 생가래떡은 약 3분, 냉동 가래떡은 약 5분간 떡이 부드러워질 때까지 끓인다.
4. 양배추와 대파를 넣고 1분간 더 조리한다. 양념의 국물은 가래떡의 전분으로 걸쭉해진다.

7.
소소한 추억,
길거리 음식

한국의 술집과 길거리 음식 문화는 힘들고 긴 하루의 일과를 마치고 일상을 달래기 위해 생겨났다. 하루 끝에 소주 한 병과 함께 떡볶이, 김밥, 두부김치 등 다양한 음식으로 '괜찮아질 거야.'라는 위로를 받는다. 7장에서 소개하는 레시피들은 도시의 번쩍이는 불빛들 사이의 음식점이나 이태원의 조용한 바에서 찾아볼 수 있는 메뉴들이다. 일부 레시피들은 미국에서 먹을 수 있는 메뉴들에 한국적 특색을 가미했다.

영원히 아빠의 딸이고 싶은 순간들

사실 아빠와 나는 편안한 관계는 아니었다. 아빠는 다소 무뚝뚝한 편이셔서, 애정을 표현하는 것은 아빠에겐 마치 낯선 외국어 같았다. 내 인생의 대부분에서는 우리가 서로의 길을 막지 않으려는 암묵적인 합의가 있었다. 아빠의 발소리나 목소리만 들려도 불안해지는 정도였다.

이민자의 첫째로 태어난 내가 아빠와의 사이에는 독특한 교감이 있었다. 나는 영어를 유창하게 구사하기 시작하면서 이내 통역 역할을 맡게 되었다. 9살 때부터 고객 서비스 센터에 전화를 걸거나, 가게 직원과 의사소통을 하며 계산을 하거나, 학교에서 받아 온 동의서에 서명하기도 했다. 나는 미국이라는 커다란 세계에서 아무리 노력해도 힘없어 보였던 아빠를 바라보며, 일찍 철든 어른이 되어야만 했다.

연로해지는 아빠를 지켜보면서, 우리가 함께 보낼 수 있는 시간이 얼마나 남았는지 걱정되기 시작했다. 오랜 세월 동안 우리 사이에 벌어진 격차를 극복하기 위해 노력했다. 나는 소원했던 아빠와의 관계를 회복하는 방법으로 달리기를 하게 될 줄은 결코 몰랐다.

2017년에는 평생 운동을 싫어했던 내게도 놀라운 일이 일어났다. 시카고 마라톤에 처음으로 출전 신청을 한 것이다. 엄마는 한국에 계셨기에 내 옆에서 응원할 수 없었다. 하지만 아빠는 마

라톤을 응원하겠다고, 심지어 새벽 5시 30분에 잘 알지 못하는 지역 한인 커뮤니티 단체 사람들과 버스를 타고 나를 응원하려고 왔다. 솔직히 말하자면, 아빠가 나오지 않기를 바랐다. 엄마가 한국에 계셔서 아빠를 돌봐 줄 사람이 없었기 때문에, 시간과 장소를 맞추고 챙기는 것은 내 몫이었다. 그것도 이미 긴 마라톤에서 달릴 걱정을 해야 했던 상황인데도 말이다. 경기 전날 밤에 나는 아빠와 전화로 이야기를 나누었고, 오시지 않도록 설득하려고 했다.

"아빠, 정말로 오실 거예요? 굳이... 아침 이른 시간이고 날씨도 춥고..."

"그럼, 30km 지점에서 기다릴 거야! 응, 그래, 그래. 거기서 보자. 그 지점까지 오는 데 얼마나 걸리겠니?"

나는 첫 번째 마라톤에 대해 많은 일들을 기억한다. 출발 신호가 울리기 전에는 마치 반딧불이가 내 뱃속을 이리저리 두드리는 것만 같았다. 남편과 함께 차이나타운 일부를 달리다가 격렬한 열기 속에 남편을 보내고, 매끄러운 시카고 도로가 마치 부서진 유리 조각처럼 느껴질 때, 속이 부글부글 끓는 느낌에 아스피린을 손에 가득 쥐어 먹은 것들을 기억한다.

그러나 가장 기억에 남는 순간은 30km 지점이었다. "조-앤!"이라는 소리와 함께 크게 미소 짓는 아빠의 얼굴이 나의 가슴을 고동치게 만들었다. 전립선암으로 투병 중인 72세의 아빠는 허리가 좋지도 않으신데도 최선을 다해 나랑 함께 달리려고 애쓰셨고, 동틀 무렵부터 거의 6시간 동안 손에 들고 있던 물병을 건네주며 겨우 5초 남짓한 이 순간을 놓치지 않으려고 했다. 아빠는 물병을 건네며 "아빠랑 같이 달릴래? 아빠가 같이 달려도 될까?"라고 물었다.

2017 시카고 마라톤

흘러내리는 눈물과 땀을 닦으며 아빠를 뒤로하고 달리는 그

내장산 국립공원

순간, 그동안 내가 유창한 영어로 보호해 온 아빠가 나보다 더 강해 보였다.

그로부터 3년 후, 나는 한국으로 가족 여행을 가자고 해마다 끊임없이 이야기한 아빠에게 마침내 설득당했다. 20년 동안 외면해 온 한국 방문을 열흘이라는 상대적으로 짧은 시간 동안 벼락치기 하듯이 바쁘게 보냈다. 어느 날, 우리는 근처의 국립공원으로 향했다. 그곳은 유명한 불교 사원이었다.

우리는 몇 시간을 운전해 내장상 국립공원 주차장에 도착했다. 연못 옆으로 이어지는 긴 길을 통해 언덕 위의 사원으로 올라갈 수 있었다. 우리는 올라가기 전에 전날 밤에 남겨 둔 김밥으로 배를 채우기로 했다.

형님은 가져온 김밥이 이제 맛없을 거라고 했지만 나는 맛있어 보여서 지나칠 수 없었다. 그런데 한 입 먹어 보니 형님이 음식에 대해서는 거의 틀린 적이 없다는 사실이 떠올랐다. 하지만 남은 음식을 버리고 싶지 않았다. 남은 김밥을 누가 먹을까 생각하다가, 연못 가장자리에 서 계신 아빠가 보였다. 왼손에는 내가 이 여행을 위해 사 주었던 캠코더의 끈을 쥐고 계셨다. 여름의 약속을 품은 푸른 가지와 잎사귀가 그늘을 드리우며 풍성하게 펼쳐져 있었다.

반쯤 먹은 김밥을 손에 쥐고 아빠에게 뛰어갔다. 아빠가 무슨 말씀을 하시기도 전에 김밥 한 조각을 아빠의 빈손에 쏙 넣고는 다시 웃으며 뛰어갔다. 나의 웃음소리는 분홍빛 리본처럼 흔적을 남기며 아빠를 따라갔다. 아빠가 나를 불러서 "뭐야? 난 먹기 싫다!"라고 말했지만, 나는 더 크게 웃으며 재미있어했다. 아빠의 구부러진 손가락 사이에 딱 들어맞는 먹다 남은 김밥 조각, 아빠의 호두색 피부 위에서 더욱 선명했던 김밥의 색감, 흔들리는 나무의 시원한 그늘 아래에서의 풍경이 완벽했다. 그리고 무엇보다 내가 아빠의 어린 딸처럼 느껴지는 이곳에서 아빠와 하루 종일 함께하고 있다는 사실에 깊이 행복했다.

김밥

🍚 : 4줄
☆ : 낮음
🌿 : GFO, NF

재료
- 참기름 1큰술+½작은술
- 가늘게 채 썬 당근 2개
- 소금 1작은술
- 밥 2컵
- 쌀식초 ½큰술
- 구운 김 4장
- 케일 무침 1컵 p.87
- 콩 불고기 1컵 p.237
- 길게 썬 단무지 4개 chef's tip
- 길게 썬 계란말이 1개 p.99

어릴 적 자동차 여행을 자주 다녔다. 우리가 어디를 가든지 차 안에는 항상 김밥이 있었다. 김밥은 쌀과 구운 김을 채소와 함께 단단하게 말아서 먹는 한국의 대중적인 분식이다. 할머니는 밝은 노란색 단무지, 진한 초록색 시금치, 당근 그리고 계란말이를 넣은 김밥을 몇 시간에 걸쳐 만드셨다. 할머니는 우리가 뒷좌석에 앉아서 가는 긴 시간 동안 김밥이 상하지 않게 포일로 단단하게 포장했다. 그런데 그때는 그 김밥이 너무 싫었다. 나는 그저 미국인이 되고 싶었고, 그런 나에게 김밥은 그저 한국인임을 상기시켜 주는 불편한 존재에 불과했다. 나는 한국인의 속옷을 입고 있으면서 미국인의 상징인 갭 청바지를 사고 싶었고, 할머니가 힘들게 만드신 김밥 대신 맥도널드 해피밀 메뉴를 먹고 싶었다. 하지만 이제는 어린 시절 할머니가 만들어 주신 김밥을 감싼 포일을 벗겨 먹을 수만 있다면 무엇이든 다 내어 줄 수 있다.

1. 프라이팬에 참기름 1큰술을 두르고 중강불에서 달군다. 당근과 소금 ½작은술을 넣어 당근이 약간 부드러워질 때까지 볶는다. 볶은 당근을 옆에 놓고 식힌다.
2. 큰 그릇에 밥, 쌀식초, 남은 소금 ½작은술을 섞는다.
3. 구운 김에서 광택이 있는 면을 아래로 두고 놓는다. 김 위에 밥을 ½컵씩 올리고, 손가락에 물을 살짝 묻혀서 밥을 김 전체의 ¾ 정도만 고르게 펴준다.
4. 볶은 당근, 케일 무침, 콩 불고기, 단무지, 그리고 계란말이를 한 가닥씩 밥 중앙에 올린다. 속재료들이 김 양쪽 끝으로 나와도 괜찮다. 김 위와 아래에 모두 약 1.5cm 정도의 공간

chef's tip

노란색 또는 흰색의 단무지는 무를 절인 것이다. 두꺼운 기둥 모양으로 판매되는 것은 얇게 썰어야 한다. 대게는 미리 썰어져서 김밥을 만들 때 사용할 수 있는 상태로 판매된다.

이 남아 있어야 김밥을 말 수 있다.

5. 김의 아랫부분을 들어 올리고 중앙의 속재료 위로 말아 올린다. 봉인될 때까지 말아 올린다. 김이 잘 붙도록 이음매가 아래를 향하게 둔다. 그래도 잘 붙지 않는다면 끝에 물을 살짝 묻혀도 된다. 나머지 김밥도 동일하게 반복한다.

6. 나머지 ½작은술의 참기름을 김밥 위에 발라 준다. 칼을 사용하여 김밥을 1.5cm 정도의 두께로 슬라이스한다. 칼에 밥이 묻어 끈적거리면 자르기 전에 칼을 물에 담갔다가 사용한다.

에그롤

🥣 : 30-40개(사용하는 재료의 양에 따라 다름)
☆ : 중간
🌿 : NF

재료
- 단단한 두부 1모
- 엑스트라 버진 올리브 오일 1큰술+추가로 필요한 만큼
- 참기름 1큰술
- 다진 마늘 2쪽
- 다진 적양파 ¼개
- 다진 대파 2대
- 다진 포토벨로버섯 1개
- 배추김치 1컵 p.119
- 간장 1큰술
- 다진 당근 1개
- 다진 셀러리 1대
- 다진 감자 1개
  *수분이 많은 감자가 좋다.
- 소금 1작은술
- 후추 ½작은술
- 다진 양배추 1컵
- 익힌 당면 70g p.149 chef's tip
- 식물성 계란 대체 재료로 만든 에그롤 피 450g
- 튀김용 식물성 오일 약 4컵
- 찍어 먹을 수 있는 스위트 앤 사워 소스

엄마가 야간 근무를 하고 있던 아빠를 위해 열심히 수십 개의 에그롤을 튀겨 줄 때의 모습은 절대로 잊을 수가 없다. 엄마가 만들어 준 에그롤만 있으면 아빠는 사무실에서 가장 인기 있는 사람이 되었다.

1. 두부를 약 10분간 압착해 물기를 제거한다. p.103 chef's tip
2. 프라이팬에 올리브 오일과 참기름을 두르고 중불에서 달군다. 마늘, 적양파, 대파, 포토벨로버섯, 김치를 넣고 소금과 후추로 간한다. 양파가 투명해질 때까지 약 2-3분간 볶는다.
3. 간장을 팬에 넣고 채소들에 골고루 묻힌다. 양파와 버섯을 팬에서 빼내어 큰 그릇에 옮긴다.
4. 팬에 올리브 오일을 추가하고 당근, 셀러리, 감자를 넣는다. 소금과 후추로 간하고 당근이 부드러워질 때까지 약 3분간 볶는다. 큰 그릇으로 옮긴다.
5. 팬에 올리브 오일을 추가하고 양배추를 넣는다. 양배추가 부드러워질 때까지 약 2분간 볶는다. 양배추도 큰 그릇으로 옮긴다.
6. 푸드 프로세서에 볶은 채소와 익힌 당면을 넣는다. 필요한 경우 조금씩 나누어 넣는다. 7-10번 펄스 모드로 잘게 다진다. 너무 잘게 다져서 페이스트 형태가 되지 않도록 주의한다. 다진 뒤에는 큰 그릇에 담아 둔다.
7. 압축해 둔 두부를 두드려서 물기를 제거하고 포크를 사용하여 채소와 당면을 담아 둔 그릇에 두부를 으깬다. 이 혼합

물은 에그롤을 싸기 전까지 냉장고에 보관한다. 소금으로 간한다.

8. 작업대에 에그롤 피를 다이아몬드 형태로 놓는다. 작은 숟가락의 등 또는 손가락으로 가장자리를 물로 살짝 적신다. 에그롤 피 위에 재료를 2큰술 정도로 넉넉하게 올린다. 아래쪽 모서리를 재료 위로 올려 덮고, 손으로 살짝 눌러 닫아 준다. 그런 다음 왼쪽과 오른쪽 모서리를 중앙으로 모으고, 고정한 채로 위쪽으로 말아 올려 닫아 준다. 같은 방법으로 다른 에그롤도 만든다.

9. 깊은 프라이팬에 튀김용 식물성 오일을 10cm 정도 붓는다. 오일을 약 175°C로 예열한다. 온도계를 사용하거나 남은 재료를 조금 넣어서 즉시 튀기는 소리가 나는지 확인한다. 빈 그릇에 키친타월을 깔고 가까이 두어 준비한다.

10. 에그롤을 한 번에 2-3개씩 넣고 양면이 고르게 익도록 약 3분씩 튀긴다. 키친타월 위에 올려 기름을 뺀다.

11. 모든 에그롤을 한 번 튀긴 후, 다시 약 30초씩 양면을 튀긴다. 여기서는 프라이팬에 에그롤이 꽉 차도 괜찮다.

12. 단독으로 먹거나 스위트 앤 사워 소스를 곁들여 먹는다.

두부김치

🍲 : 4인분
☆ : 중간
🌱 : GFO, NF

재료
- 단단함이 중간 정도인 두부 1모
- 엑스트라 버진 올리브 오일 1½큰술
- 얇게 슬라이스한 큰 새송이버섯 2개 chef's tip
- 소금 1꼬집
- 참기름 ½큰술+1작은술
- 가늘게 채 썬 큰 양파 ½개
- 다진 마늘 3개
- 적당한 크기로 썬 배추김치 2컵 p.119
- 매콤한 고추장 드레싱 ¼컵과 1큰술 p.53
- 다진 대파 1대
- 얇게 슬라이스한 청양고추 1개
- 볶은 참깨 1큰술

두부김치는 가장 좋아하는 김치 요리 레시피 중 하나다. 달콤하고 매운 소스를 살짝 볶고 졸여서 두부와 함께 먹는다. 비건이 되기 전에는 항상 자주 가던 한국식 술집에서 두부김치를 시켰다. 일상 속에서 스트레스를 받았을 때 주문하게 되는 음식이다. 달콤하고 매콤한 데서 오는 감칠맛이 가득하고 마치 속에 불이 난 듯한 신선함을 느낄 수 있다.

1. 냄비에 물 4컵을 넣고 끓인다. 물이 끓으면 두부를 부드럽게 넣고 8-9분간 삶는다.

2. 한편 코팅된 프라이팬에 올리브 오일 1큰술을 두르고 중불에서 달군다. 오일이 뜨거워지면 얇게 슬라이스한 새송이버섯을 한 겹으로 올리고 양면이 고르게 익도록 약 7-8분간 볶는다. 소금 한 꼬집을 넣고 버섯이 다 익었다면 팬에서 버섯을 꺼내어 옆에 둔다. 버섯은 뚜껑을 덮지 않는다. 이 냄비는 추후에 사용하기 위해 옆에 둔다.

3. 끓는 물에서 두부를 꺼내어 절반으로 부드럽게 자른다. 가운데 부분이 아직 덜 익은 것 같다면 자른 조각들을 다시 끓는 물에 넣고 가운데까지 익을 수 있도록 약 2분간 삶는다. 두부가 완전히 익었을 때 깨끗한 주방 수건이나 키친타월로 물기를 제거하고 약 1cm 두께로 슬라이스한다. 약 8-9 조각의 두부가 나온다. 두부 조각을 옆에 둔다.

4. 코팅된 프라이팬에 참기름 ½큰술과 남은 올리브 오일 ½큰술을 두르고 중불에서 달군다. 기름이 뜨거워지면 양파와 마늘을 넣고 양파가 투명해지고 마늘이 보기 좋은 갈색

이 될 때까지 2분 정도 볶는다.
5. 김치를 팬에 넣고 보기 좋은 갈색이 될 때까지 약 2-3분간 볶는다. 팬에 매콤한 고추장 드레싱 ¼컵을 넣고 재료들이 골고루 덮이도록 섞는다. 추가로 2분간 조리한다.
6. 대파와 청양고추를 넣고, 참깨와 참기름을 뿌린다.
7. 둥근 모양의 그릇 중앙에 볶은 김치 혼합물을 올리고, 그릇 가장자리에 두부 조각을 둥그렇게 배치한다. 나머지 1큰술의 매콤한 고추장 드레싱을 뿌린다.

chef's tip

새송이버섯은 세로로 길게 자른 다음 얇게 슬라이스한다. 새송이버섯은 돼지고기 대체 재료로 많이 사용하고, 맛도 제법 괜찮다.

수플리(라이스 볼)

리소토를 공 모양으로 빚어 빵가루를 입힌 뒤 튀기는 요리에 대해 설명하면 많은 사람이 아란치니를 떠올린다. 로마식의 수플리는 아란치니와 매우 유사하지만 계란 모양이며 소프트볼보다는 작다. 또한 마리나라라는 토마토 소스를 베이스로 한 리소토로 만든다. 어느 날 남은 한식 볶음밥을 수플리로 만들어 보면 어떨까 생각했다. 그 결과는 정말 완벽했다.

🥣 : 7-8개
☆ : 중간
🌿 : GFO, NF

재료
- 식물성 오일
- 볶음밥 3컵
- 다진 마늘 2개
- 다진 적양파 ¼개
- 다진 당근 1개
- 삶은 옥수수 알 ½컵
- 삶은 완두콩 ½컵
- 잘게 썬 계란말이 p.99 *선택 사항
- 소금 3작은술
- 후추 1작은술
- 참기름 1작은술
- 감자 전분 2큰술
- 식물성 우유 ½컵
- 글루텐 프리 빵가루 또는 판코 빵가루 1컵
- 7-8 조각으로 찢은 비건 치즈 1장

*선택 사항

1. 프라이팬에 식물성 오일을 두르고 강불에서 달군다. 볶음밥을 넣고 보기 좋은 갈색이 될 때까지 4-5분간 볶고 꺼내 둔다.
2. 필요하면 팬에 식물성 오일을 약간 더 두르고 마늘, 적양파, 당근, 옥수수 알, 완두콩, 계란말이(사용할 경우), 소금 1작은술, 후추를 넣어 양파가 반투명해질 때까지 2-3분간 볶는다. 볶음밥을 팬에 다시 넣고 모두 섞은 후 1-2분간 더 볶는다. 참기름을 넣고 섞는다.
3. 볶음밥을 식혀서 최소 4시간 최대 24시간 동안 냉장고에 보관한다.
4. 수플리(라이스 볼)를 만들 준비가 되었을 때, 튀김 재료를 준비한다. 먼저 얕은 그릇 세 개를 준비한다. 첫 번째 그릇에 감자 전분과 소금 1작은술을 섞는다. 두 번째 그릇에 식물성 우유를 넣는다. 세 번째 그릇에 글루텐 프리 빵가루와 남은 소금 1작은술을 섞는다.
5. 한 손에 볶음밥을 2-3큰술씩 떠서 양손으로 큰 계란과 비슷한 타원형으로 만든다. 원하는 경우, 모양을 만들기 전에

비건 치즈를 중앙에 넣어도 좋다.

6. 모양을 만든 후, 먼저 라이스 볼에 감자 전분을 입힌다. 다음으로, 과다한 감자 전분은 털어 낸 후 라이스 볼을 식물성 우유에 담가서 입힌다. 마지막으로, 라이스 볼을 빵가루 그릇에 부드럽게 굴리며 빵가루를 입힌다. 완성된 라이스 볼은 베이킹 시트에 옮겨 둔다. 나머지 볶음밥도 같은 과정을 반복한다.

7. 중간 크기의 냄비에 식물성 오일을 10cm 정도 붓는다. 오일을 약 175°C로 예열한다. 온도계를 사용하는 것이 좋지만, 빵가루를 조금 넣어서 즉시 튀기는 소리가 나는지 확인할 수도 있다.

8. 한 번에 너무 많이 넣지 않도록 간격을 두고 라이스볼을 부드럽게 기름에 넣는다. 약 2분간 튀긴 후 뒤집어 골고루 익도록 다시 약 2분간 더 튀긴다. 노릇해지면 기름이 빠질 수 있는 구멍이 있는 국자로 꺼내어 식힘망에 올려 과도한 기름을 뺀다.

7. 소소한 추억, 길거리 음식

콩 불고기 와사비 치즈 샌드위치

🥣 : 2개

☆ : 낮음

🌿 : GFO, NF

재료
- 후무스 2큰술
- 와사비 가루 1½작은술
- 비건 버터 2큰술
- 글루텐 프리 샌드위치 빵 4조각
- 엑스트라 버진 올리브 오일 1큰술
- 비건 치즈 2장
- 가늘게 채 썬 적양파 ¼컵
- 얇게 슬라이스한 오이 ½개
- 콩 불고기 1컵 p.237

비건 식단을 시작하기 전에 항상 사람들에게 인기가 많았던 샌드위치가 있었다. 심지어 한식을 좋아하지 않는 부모님조차도 좋아하셨던 샌드위치다. 바로 콩 불고기 와사비 치즈 샌드위치이다. 콩 불고기 p.237가 남았다면, 이 샌드위치를 만들어 봐도 좋다.

1. 작은 그릇에 후무스와 와사비 가루를 섞는다.
2. 빵 조각의 한쪽 면에 비건 버터를 바른다. 다른 한쪽 면에는 와사비 후무스를 바른다.
3. 코팅된 프라이팬에 올리브 오일을 두르고 중약불에서 달군다. 팬에 버터를 바른 면이 아래로 향하도록 빵 두 조각을 놓는다. 각 빵 조각 위에 빠르게 비건 치즈 한 조각, 적양파와 오이 몇 조각, 콩 불고기 ½컵을 올린다.
4. 다른 빵 조각으로 샌드위치를 덮는다. 스패출러로 살짝 눌러 주고 팬의 뚜껑을 덮는다. 샌드위치의 양면이 고르게 익도록 부드럽게 뒤집으며 익힌다.

7. 소소한 추억, 길거리 음식

바비큐 검은콩 버거

🥣 : 4개
☆ : 중간
🌿 : GFO, NFO

적양배추 슬로 재료
- 적양배추 1컵
- 가늘게 채 썬 당근 1개
- 가늘게 채 썬 적양파 ¼컵
- 화이트 와인 식초 1큰술
- 머스터드 1큰술
- 메이플 시럽 1큰술
- 소금 1작은술
- 후추 1작은술

버거 재료
- 콩물을 아직 빼지 않은 검은콩 1캔 245g
- 엑스트라 버진 올리브 오일 1큰술
- 다진 마늘 3개
- 고리 모양으로 슬라이스한 큰 양파 1개
- 소금 2작은술
- 후추 1작은술
- 바비큐 소스 5큰술
- 하루 지난 밥 ½컵
- 다진 호두 ¼컵 chef's tip
- 감자 전분 1큰술과 ½컵
- 글루텐 프리 빵가루 또는 판코 빵가루 ½컵

채식을 시작한 뒤로 사람들이 나에게 자주 묻는 질문 중 하나는 고기가 먹고 싶지 않냐는 것이다. 사실 처음에는 프라이드치킨 샌드위치나 육즙 가득한 버거가 무척 먹고 싶었다. 실제로 비건이 되기 전에는 출장 첫날 룸서비스로 버거와 감자튀김을 주문하는 나만의 규칙을 정해 두기도 했다. 하지만 비건을 시작하면서 더 이상 먹을 수 없게 되었다. 처음에는 육류 음식에 대한 그리움을 느꼈다. 그래서 그럴 때마다 검은콩 버거를 만들기로 했다. 어떤 검은콩 버거는 너무 촉촉해 쉽게 부서지며 맛이 떨어지기도 했다. 그렇게 여러 번의 실험을 거친 끝에 Serious Eats 웹사이트의 팁을 참고하여 레시피를 개발했다. 이 레시피는 촉촉하면서도 풍미가 가득하고 한 입 베어 물어도 부서지지 않아 흘리지 않고 먹을 수 있다.

1. 오븐을 245℃로 예열한다.
2. **적양배추 슬로 만들기**: 큰 그릇에 적양배추, 당근, 적양파, 식초, 머스터드, 메이플 시럽, 소금, 후추를 섞는다. 슬로는 버거에 넣기 전까지 냉장고에 보관한다.
3. **버거 만들기**: 콩을 체에 받쳐 콩물을 빼고, 콩물 ¼컵은 따로 담아 둔다. 콩을 베이킹 시트에 한 겹으로 펼친다. 오븐에 넣고 콩이 건조되고 약간 갈라질 때까지 11-13분간 굽는다. 콩을 꺼내 약 10분 정도 식힌다.
4. 한편 프라이팬에 올리브 오일을 두르고 중강불에서 달군다. 오일이 뜨거워지면 마늘, 양파, 소금, 후추를 넣는다. 양파가 투명해지고 가장자리가 바삭해질 때까지 약 4분간 조

- 식물성 오일 2큰술
- 비건 치즈 4장
- 글루텐 프리 햄버거 번 4개

chef's tip

호두 대신 해바라기씨를 사용하여 견과류 프리로도 만들 수 있다.

리한다. 바비큐 소스 2큰술을 넣고 불을 줄인다. 양파가 부드럽게 익고 캐러멜화되도록 약 10분간 조리한다.

5. 검은콩이 식으면 푸드 프로세서로 옮기고 작은 자갈 모양의 크기가 될 때까지 간다. 갈아 낸 검은콩을 밥과 함께 큰 그릇에 넣는다.

6. 호두, 캐러멜화된 양파의 절반, 남은 바비큐 소스 3큰술을 푸드 프로세서에 넣는다. 호두가 작은 자갈 모양이 될 때까지 간다.

7. 갈아 낸 호두 혼합물을 검은콩과 밥이 든 그릇에 넣고 단단한 반죽이 만들어질 때까지 골고루 섞는다. 반죽을 4등분하여 각각 햄버거 번과 똑같은 지름이 되도록 약 1.3cm 두께의 패티 모양으로 만든다. 패티가 얇을수록 덜 촉촉해진다.

8. 각 패티에 약간의 감자 전분을 묻힌다. 너무 많이 묻히면 패티가 건조해질 수 있으므로 주의한다. 패티 양쪽에 따로 담아 두었던 검은콩 콩물을 조금씩 뿌려서 점성이 생기도록 한다. 그러고 나서 패티에 빵가루를 골고루 묻힌다.

9. 큰 프라이팬 또는 그릴에 식물성 오일을 두르고 중강불에서 달군다. 패티를 넣고 양면이 보기 좋은 갈색이 될 때까지 약 2분씩 익힌다. 각 패티 위에 비건 치즈를 올리고 팬의 뚜껑을 덮는다. 비건 치즈가 녹을 때까지 약 1분간 익힌다.

10. 햄버거 번 위에 패티를 올리고 남은 캐러멜화된 양파와 적양배추 슬로를 얹는다. 추가적인 소스가 필요하다면 바비큐 소스를 추가한다.

토스트

- 🥣 : 2인분
- ☆ : 중간
- 🌿 : GFO, NF

계란말이 재료
- 식물성 계란 대체 식품 JUST Egg 1컵
- 소금과 후추 각 ½작은술
- 검은 소금 1꼬집 *선택 사항
- 다진 대파 1대
- 잘게 다진 빨간색 파프리카 ⅛개
- 엑스트라 버진 올리브 오일 1큰술
- 반으로 자른 비건 치즈 1장

당근 양배추 슬로 재료
- 다진 당근 1개
- 다진 적양배추 ½컵
- 다진 오이 ½개
- 머스터드 1큰술
- 메이플 시럽 1큰술
- 화이트 와인 식초 1작은술
- 소금 1꼬집, 후추 ½작은술

토스트 재료
- 글루텐 프리 샌드위치 빵 8조각
- 비건 버터 2큰술
- 메이플 시럽 2큰술
- 잼 2큰술
- 비건 치즈 2장

한국 도심가에는 작은 토스트 가게들이 있다. 여기서 소개하는 토스트는 미국에서 먹는 토스트와는 다르다. 주로 계란, 치즈, 그리고 잼과 같은 달콤한 재료들이 사용된다. 이 레시피에서는 기본 계란말이 레시피에 검은 소금 한 꼬집과 비건 치즈, 잼을 곁들였다.

1. **계란말이 만들기**: 그릇에 계란 대체 식품, 소금, 후추, 검은 소금(사용한다면), 대파, 파프리카를 섞는다.
2. 직사각형 프라이팬에 올리브 오일 ½큰술을 두르고 중불에서 달군다. 팬에 계란 혼합물 절반을 넣고 팬 가장자리에 닿도록 한다. 가장자리까지 도달하지 못한다면 팬이 너무 큰 것이다.
3. 가장자리가 벗겨지고 거품이 생기면 실리콘 스패출러로 가장자리를 떼어 낸다. 계란 혼합물이 팬 가장자리에 오도록 팬을 기울인다.
4. 계란 혼합물 중앙에 비건 치즈 ½장을 올리고 2분간 조리한다. 그런 다음, 스패출러로 계란 오른쪽 가장자리를 천천히 들어 올리고, 왼쪽으로 접어 포장지처럼 거의 계란 전체가 말릴 때까지 접는다. 접힌 계란말이를 팬의 오른쪽 가장자리(처음 접은 곳)로 당겨 온다.
5. 팬에 남은 계란물 절반을 넣어서 팬의 비어 있는 공간(왼쪽 가장자리)에 부어 계란말이 끝에 이어 붙인다. 남은 비건 치즈 ½장을 추가하는 것을 포함하여, 3단계와 4단계를 반복한다. 마지막에는 치즈를 넣지 않는다.
6. 약 20cm 길이와 7.5cm 너비의 잘 익은 오믈렛 모양이 완성

되면 식힌다. 충분히 식으면 손바닥 크기의 두 조각으로 자른다.

7. <mark>당근 양배추 슬로 만들기</mark>: 다른 그릇에 당근, 적양배추, 오이, 머스터드, 메이플 시럽, 식초, 소금, 후추를 넣고 골고루 섞는다.

8. <mark>토스트 만들기</mark>: 4조각의 빵 중 한 면에 비건 버터를 바르고 그 위에 숟가락의 뒷면으로 메이플 시럽을 바른다.

9. 다른 4조각의 빵 한 면에 잼을 발라 준다.

10. 코팅된 프라이팬을 중강불에서 달군다. 팬에 버터를 바른 면이 아래로 향하도록 놓는다. 각 빵 조각 위에 빠르게 비건 치즈 한 조각과 오믈렛 한 조각을 올린다. 오믈렛 위에 잼을 바른 빵 조각을 잼이 위로 향하도록 올린다. 또 다른 잼을 바른 빵 조각을 잼이 아래로 향하도록 올리고, 그 위에 양배추 슬로를 얹는다. 마지막으로, 버터를 바른 빵 조각을 팬에 버터 면이 위로 향하도록 놓는다.

11. 스패출러로 토스트 전체를 살짝 눌러 주고, 토스트의 양면이 고르게 익도록 부드럽게 뒤집으며 익힌다. 이때 두 개의 스패출러를 사용하거나 스패출러와 손을 함께 사용한다면 샌드위치 형태를 잘 유지할 수 있다. 만약 토스트가 흩어진다면 익히면서 팬 안에서 다시 조립하면 된다.

치즈 호떡

🥣 : 10개
☆ : 중간
🌿 : NF

재료
- 액티브 드라이 이스트 2¼작은술
- 설탕 1작은술
- 따뜻한 물 ¼컵 *37℃-43℃ 사이
- 중력분 2컵
- 찹쌀가루 ½컵
- 소금 1작은술
- 식물성 오일 1큰술
- 따뜻한 식물성 우유 1¼컵
  *37℃-43℃ 사이
- 삶은 감자 1개
  *수분이 많은 감자가 좋다.
- 굽거나 삶은 당근 1개
- 비건 치즈 3장
- 소금 1꼬집
- 튀김용 식물성 오일 또는 기타 중성 오일
- 얇게 슬라이스한 양파 1개

아빠는 단 음식을 좋아하시지만, 나는 짠 음식을 더 좋아한다. 이 레시피는 한국의 전통적인 호떡을 색다르게 변형해 부드러운 치즈로 속을 채웠다. 식사와 디저트를 한 번에 즐길 수 있는 메뉴다.

1. 작은 그릇에 이스트, 설탕, 따뜻한 물을 섞는다. 거품이 생길 때까지 약 10분 정도 둔다.
2. 그릇에 중력분, 찹쌀가루, 소금, 식물성 오일을 섞는다. 이스트 반죽도 넣고 그다음 천천히 식물성 우유를 넣는다. 나무 숟가락이나 젓가락으로 반죽이 만들어질 때까지 섞는다.
3. 손에 약간의 오일을 바르고 반죽을 약 5분간 치댄다. 반죽이 다루기 어려울 경우 밀가루를 추가한다. 손으로 반죽을 공 모양으로 만든다.
4. 오일을 바른 그릇에 반죽을 넣고 랩이나 뚜껑으로 덮어 반죽이 두 배 정도로 부풀어 오를 때까지 따뜻한 곳에서 약 1시간 동안 둔다. 그런 다음 반죽을 눌러서 가스를 빼낸다. 다시 그릇에 넣고 덮은 뒤 두 배로 부풀어 오르도록 약 20-30분간 둔다.
5. 작은 그릇에 감자, 당근, 비건 치즈, 소금을 함께 으깨어 부드러워질 때까지 섞어 필링을 만든다.
6. 두 번째 발효가 완료되면 반죽을 10등분으로 나눈다. 하나의 조각을 작업할 때 나머지 조각은 랩이나 뚜껑으로 덮어둔다.
7. 반죽 하나를 작은 공 모양으로 만든 다음, 손바닥보다 조금 큰 크기가 되도록 공을 납작하게 편다. 공 모양으로 만든 반

죽을 한 손에 올려 두고 중앙에 만들어 둔 필링 1큰술을 올린다. 공의 가장자리를 필링 위로 올려서 봉합하고 위에서 꼭 눌러 이음매 부분을 잘 닫는다. 양손 사이에서 반죽을 부드럽게 돌리면서 뭉친다. 키친타월로 덮어 둔다. 나머지 반죽과 필링도 동일하게 반복한다.

8. 코팅된 프라이팬에 식물성 오일을 두르고 중강불에서 달군다. 작은 반죽 조각을 넣어서 즉시 튀기는 소리가 나면 준비된 것이다.

9. 프라이팬에 양파 몇 조각을 넣은 후 공 모양의 반죽을 얹는다. 스패출러로 반죽을 부드럽게 눌러서 동그란 팬케이크 모양으로 만든다. 이때 너무 세게 눌러 반죽이 찢어지지 않도록 주의한다. 밑면이 보기 좋은 갈색이 되고 양파가 익을 때까지 약 3분간 조리한다. 뒤집어서 부드럽게 눌러 반대면도 보기 좋은 갈색이 될 때까지 약 3분간 조리한다.

호떡

🥣 : 10개

☆ : 중간

재료
- 액티브 드라이 이스트 2¼작은술
- 설탕 1작은술
- 따뜻한 물 ¼컵 *37℃-43℃ 사이
- 중력분 2컵
- 찹쌀가루 ½컵
- 소금 1작은술
- 식물성 오일 1큰술, 튀김용 추가분
- 따뜻한 식물성 우유 1¼컵
  *37℃-43℃ 사이
- 피스타치오 ¼컵
- 잣 ¼컵
- 피칸 ¼컵
- 황설탕 2큰술
- 참깨 1큰술
- 계핏가루 2작은술
- 옥수수 전분 1작은술

아빠와의 가장 아름다운 추억 중 하나는 길거리 음식이다. 아빠는 호떡을 가장 좋아하셨다. 나는 살짝 변형해 호떡을 만들어 보고 싶었다. 이 레시피에서는 어떤 식물성 우유든 사용할 수 있지만, 단백질 함량이 높은 두유와 귀리 우유가 가장 좋다.

1. 작은 그릇에 이스트, 설탕, 따뜻한 물을 섞는다. 거품이 생길 때까지 약 10분 정도 둔다.
2. 그릇에 중력분, 찹쌀가루, 소금, 식물성 오일을 섞는다. 이스트 반죽도 넣고 그다음 천천히 식물성 우유를 넣는다. 나무 숟가락이나 젓가락으로 반죽이 만들어질 때까지 섞는다.
3. 손에 약간의 오일을 바르고 반죽을 약 5분간 치댄다. 반죽이 다루기 어려울 경우 밀가루를 추가한다. 손으로 반죽을 공 모양으로 만든다.
4. 오일을 바른 그릇에 반죽을 넣고 랩이나 뚜껑으로 덮어 반죽이 두 배 정도로 부풀어 오를 때까지 따뜻한 곳에서 약 1시간 동안 둔다. 그런 다음 반죽을 눌러서 가스를 빼낸다. 다시 그릇에 넣고 덮은 뒤 두 배로 부풀어 오르도록 약 20-30분간 둔다.
5. 피스타치오, 잣, 피칸을 푸드 프로세서에 짧게 간다. 황설탕, 참깨, 계핏가루, 옥수수 전분, 물 2큰술을 함께 섞어 필링을 만든다.
6. 두 번째 발효가 완료되면 반죽을 10등분으로 나눈다. 하나의 반죽을 작업할 때 나머지 반죽은 랩이나 뚜껑으로 덮어 둔다.

7. 반죽을 작은 공 모양으로 만든 다음, 손바닥보다 조금 큰 크기가 되도록 공을 납작하게 편다. 공 모양으로 만든 반죽을 한 손에 올려 두고 중앙에 만들어 둔 필링 1큰술을 올린다. 공의 가장자리를 필링 위로 올려서 봉합하고 위에서 꼭 눌러 봉합 부위를 더 잘 닫는다. 양손 사이에서 반죽을 부드럽게 돌리면서 뭉친다. 키친타월로 덮어 둔다. 나머지 반죽과 필링도 동일하게 반복한다.

8. 코팅된 프라이팬에 식물성 오일을 두르고 중강불에서 달군다. 작은 반죽 조각을 넣어서 즉시 튀기는 소리가 나면 준비된 것이다.

9. 한 번에 하나 또는 두 개의 공 모양의 반죽을 올려 굽는다. 스패츌러로 반죽을 부드럽게 눌러서 동그란 팬케이크 모양으로 만든다. 이때 너무 세게 눌러 반죽이 찢어지지 않도록 주의한다. 밑면이 보기 좋은 갈색이 될 때까지 약 3분간 조리한다. 뒤집어서 부드럽게 눌러 반대 면도 보기 좋은 갈색이 될 때까지 약 3분간 조리한다.

카레 떡꼬치

🥣 : 12-14개
☆ : 중간
🌿 : GFO

카레 페이스트 재료
- 엑스트라 버진 올리브 오일 2큰술
- 다진 양파 ½컵
- 다진 빨간 파프리카 ¼컵
- 다진 마늘 3쪽
- 1시간 동안 물에 불린 후 물기를 제거하고 구운 캐슈너트 ¼컵
- 큐민 가루 2작은술
- 가람 마살라 1½작은술
- 간 강황 ¼작은술
- 소금 1작은술
- 후추 ½작은술
- 고추장 1큰술 p.28
- 국간장 1큰술

꼬치 재료
- 엑스트라 버진 올리브 오일 1큰술
- 다진 적양파 ½컵
- 가늘게 채 썬 빨간색 파프리카 2큰술
- 얇게 슬라이스한 청양고추 1개
- 냉장 또는 냉동 가래떡 482g p.34
- 메이플 시럽 1작은술
- 채수 1컵 p.45

인도계 친구로부터 가람 마살라 블렌드를 선물로 받은 적이 있었다. 매운맛과 초콜릿 향이 나서 집에 가서 당장이라도 무언가를 해 먹어 보고 싶었다. 냉장고에서 남은 떡이 든 봉지를 발견하고 크림 같은 카레 소스로 떡볶이를 만들어 보기로 했다. 결과는 정말로 환상적이었다. 떡볶이를 팬에서 바로 먹는 대신 서울의 길거리 음식점에서 볼 수 있는 것처럼 떡을 꼬치에 꽂아 그릴에 구웠다.

1. **카레 페이스트 만들기**: 프라이팬에 올리브 오일을 두르고 중강불에서 달군다. 오일이 뜨거워지면 양파, 파프리카, 마늘, 캐슈너트, 큐민 가루, 가람 마살라, 강황, 소금, 후추를 넣는다. 양파가 부드러워질 때까지 약 2-3분간 채소를 볶는다.
2. 고추장을 넣고 채소가 골고루 묻도록 젓는다. 간장을 넣고 디글레이징한다.
3. 팬의 혼합물을 블렌더에 넣고 매끄러운 페이스트가 될 때까지 섞는다. 농도가 너무 되직하여 칼날이 잘 회전하지 않는 경우 물 1-2큰술을 추가한다.
4. **꼬치 만들기**: 카레 페이스트를 만든 팬을 그대로 사용한다. 팬에 올리브 오일을 두르고 중강불로 달군 후 적양파, 파프리카, 청양고추를 넣고 양파가 보기 좋은 갈색이 될 때까지 약 5분간 볶는다.
5. 팬에 떡을 넣고 카레 페이스트와 메이플 시럽을 추가한 뒤, 떡과 채소에 고르게 양념되도록 섞는다.
6. 채수를 넣고 끓인다. 불을 줄인 뒤 떡이 완전히 부드러워지

고 국물이 줄어들어 진해질 때까지 7-10분간 조리한다. 적당히 식을 때까지 기다린다.

7. 그릴 팬을 예열한다. 떡이 적당히 식으면 각 꼬치에 5개의 떡을 꽂는다.

8. 뜨겁게 달군 그릴 팬 위에 꼬치를 올려 두면 풍미 좋은 탄 맛이 난다. 약 2분간 각 면을 굽는다. 카레 페이스트와 채소를 곁들여 먹는다.

8.

한국의 멋과 맛,

한 그릇
요리

많은 사람이 두부를 단순히 육류 대신 먹을 수 있는 식재료라고만 여기지만, 두부는 단백질을 단순히 대체하는 역할에 한정되어 있지 않다. 나에게 두부는 요리에서 독특한 역할을 담당한다. 그래서 우리 집 식탁에는 된장찌개나 두부조림과 같은 두부 요리가 자주 올라가고, 한식 메뉴에서도 다양한 두부 요리를 볼 수 있다. 사실 두부를 기반으로 한 한식 레스토랑도 있다. 두부는 일반적으로 단단함의 정도에 따라 요리에서 여러 가지 질감을 낼 수 있다. 단단한 두부는 네모난 형태로 포장되어 판매되며, 닭고기나 소시지와 비슷한 질감을 가지고 있다. 단단함이 중간 정도인 두부는 수분이 있어서 부드럽고 소프트 치즈와 비슷한 질감을 가지고 있다. 아주 부드러운 연두부와 순두부는 모양을 유지하기 어려울 정도로 부드럽고, 보통 네모난 형태보다는 튜브 형태로 포장되어 판매된다. 이런 두부는 사워크림이나 요구르트와 비슷한 질감을 가지고 있다. 두부의 좋은 점은 뚜렷한 맛이 없어서 주변의 맛을 잘 흡수한다는 것이다. 8장에서는 한 그릇으로도 한국의 멋과 맛이 모두 담긴 요리들을 소개한다. 비록 한국의 식사에서는 메인 요리의 개념보다 거의 모든 요리가 밥과 함께 먹는 반찬의 한 부분이라고 이전에 설명했지만, 여기서 소개하는 요리들은 예쁜 그릇에 담아 가장 마지막에 내놓을 만한 요리들로, 손님들의 탄성을 자아낼 것을 기대해 본다.

아빠를 이해하던 순간들

10살 때, 방 안에서 거대한 공룡 같은 타자기를 들여다본 적이 있다. 아빠는 손잡이를 돌려 초록색 고무 원통에 용지를 넣는 방법을 보여 주셨다. 옆에 있는 스위치를 누르자 타자기가 갑작스레 움직였는데, 그 모습은 아빠가 좌절하거나 화를 내실 때 가끔 보이는 아래턱과 닮아 있었다.

아빠를 위해 나는 수백 통의 편지를 타이핑했었다. 대부분은 직장에서의 사고나 동료와의 갈등에 대한 불만으로 가득 차 있었다. 나는 아빠의 작은 고집스러움과 독특한 취향들을 잘 알고 있었다. 음식을 씹을 때 감은 눈과, 입안에서 풍기는 김치의 향기, 때때로 다른 사람들은 이해하기 어려울 수 있는 억양까지. 그 편지들을 통해 우리 집의 문 바깥에 펼쳐진 다양한 세계의 한 조각을 엿볼 수 있었고, 때로는 그 세계는 누군가에게는 친절하지 않을 수 있다는 사실을 깨달았다. 그 세계와 아빠 사이에는 나와 아빠의 타자기만이 남아 있었다.

그런데 나는 그 일이 싫었다. 처음에는 TV를 보거나 친구들과 놀거나 아무것도 안 하고 싶어서였다. 그러나 시간이 지날수록 아빠가 직접 손으로 쓴 편지 더미가 쌓였다. 그중에서도 정말로 싫었던 것은 아빠가 직장에서 당했던 굴욕을 타

나의 아빠(가운데)와 아빠의 두 형제

손자를 바라보고 계신 나의 부모님

이핑하는 일이었다. 더 가혹한 것은 아빠가 바보 같은 편지를 타이핑하기 위해 10살짜리 딸에게 의지해야만 했다는 사실이었다.

물론, 아버지가 불평 없이 우리를 위해 해 온 작은 일들에 비하면 사소한 부탁에 불과했다. 친구 집까지 차로 데려다주고, 오케스트라 연습이 끝나면 나를 데리러 오고, 학교에서 늦게까지 머물면 맥도날드 가방을 가져다 주었으며, 쇼핑몰에서 놀고 싶다고 할 때는 20달러 지폐를 건네주셨다. 엄마가 늦게까지 일하고 할머니가 더 이상 우리와 함께 살지 않게 되었을 때, 냉면 같은 것을 요리해 준 것도 아빠였다.

하지만 그것은 시간에 대한 부담 때문이 아니었다. 나는 아빠가 상처받고 약해지고 수치스러워하는 모습을 보고 싶지 않았고, 그런 모습을 고스란히 목격하게 만든 아빠를 원망했다.

몇 년 전, 아빠는 전립선암 가능성을 진단받았다. 아빠가 검사를 받기 2주 전에, 나는 동아시아 남성의 전립선암에 관한 연구를 읽었다. 그 당시에는 아빠가 암 검사를 받고 있다는 사실을 전혀 몰랐다. 연구에 따르면 동아시아 남성의 전립선암 발병률 급증은 육류 소비 증가와 관련이 있다고 했다. 그때는 그것이 나에게 아무런 영향도 주지 않았다. 아빠가 나이에 비해 비교적 건강하다고 생각했기 때문이었다. 그러나 검사를 받은 지 하루 만에, 엄마는 침실에서 고열로 의식을 잃은 아빠를 발견했다. 아빠는 급히 응급실로 이송되었고 수 시간 동안 의식이 없었다.

두려움에 떨며 병원으로 향하는 길에 그동안 아빠가 딸을 필요로 했던 수많은 순간들이 떠올랐다. 내게 편지를 타이핑하라고 부탁한 순간, 보험 회사로부터 받은 문서를 검토했으면 좋겠다고 한 순간, 은행에 전화를 걸어 줬으면 좋겠다고 한 순간, 와이파이 연결하는 방법을 알려 줬으면 좋겠다고 한 순간들이 모두 스쳐 지

나갔다. 중환자실에 들어가자 여러 개의 관과 전선, 울리는 기계에 둘러싸인 채로 누워 있는 아빠의 모습이 보였다. 며칠 후, 아빠는 패혈증으로 중환자실에서 회복하는 동안 전립선암 양성 판정을 받았다. 그날 나는 고기 먹는 것을 그만두었다.

콩 불고기

많은 사람이 한식을 불고기와 비빔밥으로만 기억한다. 이 책의 레시피를 통해 한식이 불고기와 비빔밥 이상의 다양성을 가지고 있다는 것을 알게 되면 좋겠다. 채식을 기반으로 한 비건 요리책이지만, 한식의 맛있는 구이 요리를 포함하고 싶었다. 이 레시피에서는 주로 소이컬 Soy Curls을 사용하여 그 질감을 재현한다. 소이컬은 콩을 익혀서 건조한 것으로, 양념장의 풍부하고 강렬한 맛과 그릴의 열에 잘 견디는 특징이 있다.

- ▽ : 4인분
- ☆ : 낮음
- ⌇ : GFO, NF

재료
- 소이컬 1컵
- 말린 표고버섯 3-4개
- 바비큐 소스 ½컵 p.47
- 5-6cm 길이로 썬 대파 1대
- 가늘게 채 썬 적양파 ¼개
- 다진 초록색 파프리카 ¼컵
- 그릴용 오일
- 참기름 ½큰술
- 볶은 참깨 1작은술

1. 소이컬을 물에 최소 1시간 동안 불린 뒤 물기를 짜 준다. 표고버섯도 같이 불려 잘게 다듬는다.
2. 큰 지퍼백이나 재사용 가능한 실리콘 지퍼백에 소이컬, 표고버섯, 바비큐 소스, 대파, 적양파, 그리고 파프리카를 넣는다. 소이컬이 모든 양념 속에 잠길 수 있도록 한다. 지퍼백을 냉장고에 넣고 최소 4시간 최대 24시간 동안 재료를 숙성한다.
3. 그릴 팬에 그릴용 오일을 두르고 달군다. 그릴이 뜨거워지면 양념에 숙성해 둔 소이컬, 표고버섯, 대파, 적양파, 파프리카를 팬에 올린 후 남은 양념을 발라 가며 굽는다. 소이컬이 숯불에 살짝 그슬릴 때까지 약 3-4분간 조리한다.
4. 참기름을 뿌리고 참깨로 마무리한다.

버섯 갈비

🥣 : 8개
☆ : 낮음
🌿 : GFO, NF

재료
- 새송이버섯 큰 것 2개
- 바비큐 소스 1컵 p.47
- 엑스트라 버진 올리브 오일 최대 2큰술
- 고리 모양으로 얇게 슬라이스한 양파 ¼개
- 2-3cm 길이로 썬 대파 2대

어린 시절에 아빠가 망치로 갈비를 두드리고 엄마가 갈비 양념을 준비하곤 했다. 삼촌은 그릴에 갈비를 굽고 이모들은 반찬을 준비했다. 갈비를 잃으면 그 모든 추억도 함께 잃게 될까 봐 조금 불안했다. 다행히도 엄마의 바비큐 소스는 깊고 풍부한 맛을 가지고 있어서 채소를 구워도 가족과 함께한 바비큐 추억을 그대로 간직할 수 있었다. 요리를 하면서 알게 된 것은, 음식은 재료 그 자체도 중요하지만 어떻게 느끼고 기억되는지가 더 중요하다는 것이다. 갈비를 만들 때는 새송이버섯을 사용한다. 새송이버섯은 그릴에 구우면 달고 맛있게 다른 주재료와 어우러진다. 엄마표 바비큐 소스의 감칠맛을 완벽하게 느낄 수 있다.

1. 새송이버섯을 세로 방향으로 약 1.5cm 두께의 네 조각으로 자른다. 작은 칼로 한쪽 면에 버섯의 세로 방향을 따라 칼집을 낸다. 이때 버섯이 완전히 잘리지 않도록 주의한다. 그런 다음, 가로 방향으로도 반복하여 격자무늬로 칼집을 낸다. 버섯 양면에 바비큐 소스를 바르고 냉장고에 1시간 이상 보관한다.

2. 양파를 팬 표면 위에서 움직이면 버섯에 풍부한 향을 더할 수 있다. 버섯을 팬에 올리고 바비큐 소스를 덧발라가며 약간 달게 익을 때까지 굽는다. 마지막에 대파를 팬에 올린다.

깐풍기

🥣 : 10개
☆ : 중간
🌿 : GFO, NF

윙 재료
- 매우 단단한 두부 453g
- 절임 잭푸르트 통조림 566g
- 베지스톡 1큰술 chef's tip
- 감자 전분 ½컵
- 식물성 우유 ¼컵
- 껍질을 깨끗이 세척하고 5cm 길이로 썬 우엉 2개 chef's tip
- 튀김용 식물성 오일

소스 재료
- 현미 조청 ¼컵
- 채수 p.45 또는 물 2큰술
- 간장 1큰술
- 국간장 ½큰술
- 쌀식초 1작은술
- 감자 전분 1큰술
- 고춧가루 1작은술 p.30
- 살짝 간 후추 1작은술
- 간 생강 1작은술
- 엑스트라 버진 올리브 오일 1큰술
- 다진 적양파 ½개
- 다진 마늘 7개
- 가늘게 채 썬 대파 1대
- 다진 당근 1개

어린 시절, 외할머니는 무한 리필로 유명한 뷔페 음식을 즐기시곤 했다. 음료뿐만 아니라 음식도 모두 무한 리필이었다. 그중에서도 할머니는 특히 치킨 윙을 자주 채워 먹곤 했다. 이 레시피에서는 닭이 아닌 재료로 윙을 만든다. 얼린 두부를 사용하여 탱글탱글한 질감과 풍부한 맛을 낸다. 또한 고기와 비슷한 부드러운 식감을 지닌 잭푸르트를 추가한다. 마지막으로, 우엉을 사용하여 치킨의 뼈를 표현해 보았다. 우엉은 단단하면서도 소스에 잘 어울린다.

1. **윙 만들기**: 두부를 얼린 뒤 완전히 해동한 후, 물기를 제거하기 위해 최대한 압착한다. 두부를 또다시 얼리고 해동한 후 다시 압착한다. 이렇게 하면 두부는 스펀지처럼 부서지기 쉬운 상태가 된다. 이제 두부를 적당한 크기로 부수고 큰 그릇에 담는다.

2. 잭푸르트의 물기를 제거한다. 딱딱한 씨와 단단한 부분을 제거하여 부드러운 부분만 사용한다. 손질한 잭푸르트를 두부를 담아 둔 그릇에 넣는다. 베지스톡과 감자 전분 2큰술을 넣고, 두부가 너무 많이 부서지지 않도록 주의하며 부드럽게 섞는다.

3. 작은 그릇에 감자 전분 1큰술과 식물성 우유를 섞는다. 이는 윙을 만들 때 접착해 주는 역할을 할 것이다. 손에 두부와 잭푸르트 혼합물을 한 줌 떠서 공 모양으로 둥글게 뭉친다. 이 과정에서 두부가 너무 많이 부서지지 않도록 주의한다. 우엉 줄기의 한쪽 끝을 감자 전분과 우유를 혼합해 만든 '접착제'에 담갔다가 두부와 잭푸르트 혼합물을 뭉쳐서 만

- 다진 빨간색 파프리카 ¼컵
- 말린 중국 사천 고추 1컵
- 다진 대파 2대

든 공에 부드럽게 꽂는다. 그리고 두부와 잭푸르트 혼합물이 빠지지 않도록 우엉에 감자 전분을 더 묻히면서 붙여 준다. 이 과정을 반복해 만들어진 '윙'을 베이킹 시트에 놓고 1시간 동안 냉장고에 보관한다.

4. 냉장고에서 윙을 꺼내고, 손에 감자 전분을 묻혀 추가로 발라 준다.

5. 깊은 프라이팬에 튀김용 식물성 오일을 10cm 정도 붓는다. 오일을 약 175℃로 예열한다.

6. 윙들이 서로 닿지 않도록 주의한다. 윙이 보기 좋은 갈색이 되도록 튀긴다. 윙을 튀기고 나서는 식힘망 위에 올려 과도한 기름을 제거한다. 더 바삭하게 만들고 싶다면 한 번 더 튀길 수도 있다.

7. **소스 만들기**: 작은 그릇에 현미 조청, 채수, 간장, 국간장, 식초, 감자 전분, 고춧가루, 후추, 생강을 섞는다.

8. 큰 프라이팬이나 웍에 올리브 오일을 두르고 중강불에서 달군다. 오일이 뜨거워지면 적양파, 마늘, 대파, 당근, 파프리카, 말린 중국 사천 고추를 넣고 양파가 부드러워질 때까지 볶는다. 볶은 채소에 소스를 넣고 걸쭉해질 때까지 약 1분간 젓는다.

9. 튀겨 둔 각각의 윙 위에 소스가 충분히 덮이도록 조심스럽게 섞는다. 대파로 장식한다. 윙이 물러지지 않도록 더 이상 조리하지 않는다.

chef's tip

한국에서는 베지스톡이 주로 사용되는데, 나는 주로 베러 댄 부용 베지테리언 노 치킨 베이스 Better Than Bouillon Vegetarian No Chicken Base 라는 비건 치킨 베이스를 즐겨 사용한다. 비건 치킨 베이스를 찾기 어려울 경우, 비건 치킨 시즈닝 믹스로 대체할 수도 있다. 또한 치킨의 뼈 역할을 하는 우엉을 찾기 어려울 경우, 파스닙으로 대체할 수도 있다.

깐풍두부

🍚 : 4인분
☆ : 낮음
🌿 : GFO, NF

재료
- 감자 전분 ½컵
- 소금 1작은술
- 후추 1작은술
- 양파 가루 1작은술
- 마늘 가루 1작은술
- 물기를 제거한 한 입 크기로 썬 매우 단단한 찌개용 두부 1모
  p.103 chef's tip
- 튀김용 식물성 오일

소스 재료
- 현미 조청 ¼컵
- 물 2큰술
- 간장 1½큰술
- 쌀식초 1작은술
- 감자 전분 1큰술
- 고춧가루 1큰술 p.30
- 살짝 간 후추 1작은술
- 엑스트라 버진 올리브 오일 1큰술
- 다진 적양파 ½컵
- 다진 마늘 7쪽
- 다진 당근 1개
- 말린 중국 사천 고추 1컵
- 다진 대파 2대

이 레시피는 깐풍기p.241의 변형 버전이다. 두부에 익숙한 사람뿐만 아니라 두부에 처음 도전하는 사람도 쉽게 할 수 있다. 또한 두부가 별다른 맛이 없고 뭉개진 것처럼 보인다고 생각하는 사람들에게도 완벽한 레시피다. 두부가 그 자체만으로도 훌륭한 주인공이 될 수 있다는 사실을 증명하려 할 때도 이 레시피라면 실패할 일이 없다. 만들기도 쉬우며, 바삭바삭한 식감을 주는 감자 전분과 상큼하고 달콤하며 마늘 향이 가득한 소스가 조화롭게 어우러진다.

1. 감자 전분, 소금, 후추, 양파 가루, 마늘 가루를 섞는다. 큰 그릇에 전분 혼합물과 두부를 함께 넣고, 모든 두부에 전분 혼합물을 골고루 묻힌다.
2. 코팅된 팬에 튀김용 식물성 오일을 두르고 중강불에서 달군다. 오일이 뜨거워지면 전분 혼합물을 묻힌 두부를 한 층으로 넣는다. 각 조각이 서로 붙을 수 있으니 닿지 않도록 배치해야 한다. 여러 번 나눠서 조리해야 할 수도 있다. 두부의 양면이 고르게 익도록 조심스럽게 뒤집으며 튀긴다. 두부를 튀기고 나서는 식힘망에 올려 과도한 기름을 제거한다. 더 바삭하게 만들고 싶다면 한 번 더 튀길 수도 있다.
3. 소스 만들기: 작은 그릇에 현미 조청, 물, 간장, 식초, 감자 전분, 고춧가루, 후추를 섞는다.
4. 큰 프라이팬이나 웍에 올리브 오일을 두르고 중강불에서 달군다. 오일이 뜨거워지면 적양파, 마늘, 당근, 말린 중국 사천 고추를 넣고 양파가 부드러워질 때까지 볶는다. 볶은

채소에 소스를 넣고 걸쭉해질 때까지 약 1분간 젓는다.

5. 튀겨 둔 두부를 소스에 넣고 부드럽게 섞는다. 대파로 장식한다. 두부가 열로 인해 물러지고 눅눅해지지 않도록 더 이상은 조리하지 않는다.

표고버섯 탕수육

🍚 : 4인분
☆ : 중간
🌿 : GFO, NF

재료
- 감자 전분 1컵+2큰술
- 소금 1작은술
- 후추 ½작은술
- 무가당 식물성 우유 ¼컵
- 물에 불린 후 줄기를 제거한 말린 표고버섯 18-20개
- 튀김용 식물성 오일

소스 재료
- 엑스트라 버진 올리브 오일 1큰술
- 다진 적양파 ½컵
- 다진 마늘 2개
- 소금 1작은술
- 목이버섯 4-5개
- 얇게 슬라이스한 당근 1개
- 다진 빨간색 파프리카 ¼컵
- 다진 초록색 파프리카 ¼컵
- 다진 사과 ¼컵
- 쌀식초 1큰술
- 채수 p.45 또는 물 1컵
- 현미 조청 ¼컵
- 파인애플 주스 ¼컵
- 간장 1큰술
- 감자 전분 2큰술

어렸을 때 한국의 이모 집에서 남동생과 짜장면과 탕수육을 먹었던 기억이 있다. 이모는 전화기를 들어 몇 마디 대화를 나누더니 단 몇 분 만에 노란색 조끼를 입은 낯선 남성이 집 앞에 은색 철가방에서 플라스틱 그릇 두 개를 내려놓았다. 그릇에는 채 썬 오이가 올라간 완벽한 짜장면과 달콤한 소스에 찍어 먹는 탕수육이 있었다. 탕수육은 두툼한 고기를 튀겨서 달콤하고 약간 신맛이 나는 소스로 맛을 낸 요리다. 탕수육은 짜장면 p.173과도 찰떡궁합이다.

1. 중간 크기의 그릇에 감자 전분 1컵, 소금, 후추, 물 3컵을 섞는다. 그릇을 냉장고에 1시간 30분 동안 넣어 둔다. 전분이 그릇 바닥으로 모두 가라앉을 때까지 잠시 기다린다.
2. 전분이 가라앉았다면 그릇 맨 윗부분의 물을 따라낸다. 그릇 바닥에는 전분이 딱딱하게 가라앉아 있을 것이다. 식물성 우유를 넣고 숟가락으로 저어 걸쭉한 전분물이 될 때까지 섞는다.
3. 남은 감자 전분 2큰술을 표고버섯에 골고루 묻힌다. 그리고 감자 전분물이 담긴 그릇에 표고버섯을 넣고 전분물을 충분히 묻힌다.
4. 큰 프라이팬이나 웍에 튀김용 식물성 오일을 5cm 정도 붓는다. 오일을 약 175℃로 예열하고 그 후 중약불로 줄인다.
5. 전분을 묻힌 표고버섯을 냄비에 넣는다. 너무 가득 채우지 않는다. 버섯이 연한 노란색이 될 때까지 3-4분간 튀긴다. 표고버섯을 식힘망에 올려서 기름을 뺀다. 양념장을 만드는 동안 기름을 뜨거운 온도로 유지한다.

- 얇게 슬라이스한 오이 ⅓개
- 적당한 크기로 썬 파인애플 ½컵

6. <mark>소스 만들기</mark>: 큰 프라이팬에 올리브 오일을 두르고 중강불에서 달군다. 오일이 뜨거워지면 적양파, 마늘, 소금, 목이버섯을 넣고 3-4분간 볶는다. 당근, 파프리카, 사과를 추가하고 1분간 볶는다. 식초를 넣고 디글레이징한다. 채수, 현미조청, 파인애플 주스, 간장을 넣고 끓어오르면 불을 줄인다.
7. 소스를 끓이는 동안 표고버섯을 다시 30초 정도 튀긴다.
8. 작은 그릇에 감자 전분과 물 ½컵을 섞는다. 소스에 오이, 파인애플, 감자 전분 혼합물을 넣고 중강불로 조리한다. 저어 가며 소스가 적당한 농도로 되직해질 때까지 1-2분간 조리한다.
9. 표고버섯을 큰 그릇에 올린다. 먹기 직전에 소스를 붓는다. 미리 소스를 붓는 경우 버섯의 바삭함이 사라질 수 있다.

비빔밥

🥣 : 1인분
☆ : 낮음
🌿 : GFO, NF

재료
- 참기름 ½큰술
- 가늘게 썬 당근 1개
- 소금 ½작은술
- 쌀밥 1컵
- 두부조림 2-3조각 p.269
- 구운 후 껍질을 제거하고 한 입 크기로 썬 고구마 1개
- 깻잎절임 4-5장 p.135
- 콩 불고기 ¼컵 p.237
- 매콤한 간장 드레싱 p.51 또는 매콤한 고추장 드레싱 p.53 2큰술

비빔밥은 한국인의 밥상에서 빠지지 않는 메뉴다. 많은 사람이 비빔밥에 특별한 레시피가 있다고 생각할 수 있지만, 사실 비빔밥은 밥과 남은 반찬들, 그리고 재료들을 한데 어우러지게 하는 양념장이 전부다. 앞에서 소개한 것처럼 집에서 만든 반찬들은 며칠 또는 몇 주에 걸쳐 두고 먹을 수 있다. 그래서 엄마의 냉장고에는 항상 8-10가지의 다양한 반찬들이 가득 차 있다. 이 레시피는 영양소가 균형 있게 들어가 있으며 풍부한 풍미를 느낄 수 있다.

1. 팬에 참기름을 두르고 중불에서 달군다. 오일이 뜨거워지면 당근을 넣는다. 당근이 부드러워질 때까지 약 2분간 볶는다. 소금을 약간 뿌린다.
2. 그릇에 담을 담고 볶은 당근, 두부조림, 구워 둔 고구마, 깻잎절임, 콩 불고기를 올린다. 마지막으로 매콤한 간장 드레싱이나 고추장 드레싱을 뿌린다.

만두

🥣 : 작은 크기의 만두 40-50개
☆ : 낮음
🌿 : NF

재료
- 엑스트라 버진 올리브 오일 1큰술
- 참기름 1큰술
- 다진 감자 1개
- 다진 당근 2개
- 다진 대파 4개
- 다진 갈색 양송이버섯 10개
- 다진 배추김치 1컵 p.119
- 다진 마늘 2-3쪽
- 소금 2작은술
- 후추 1작은술
- 간장 1큰술
- 익힌 당면 55g
- 단단한 두부 1모 p.103 chef's tip
- 국간장 1큰술
- 만두피 396g
- 찍어 먹을 수 있는 매콤한 간장 드레싱 p.51

어릴 적 엄마는 엄마의 특기였던 만두를 만들기 위해 몇 시간 동안 채소를 다져서 만두소를 만들었다. 채소를 하나하나 꼼꼼히 다듬고, 주방 조리대 위로 몸을 웅크리거나 바닥에 앉아서 구름처럼 보드랍고 맛있는 작은 주머니들을 하나둘 빚었다. 내가 빚은 만두는 엄마가 만든 것만큼 예쁜 모양은 아니었지만, 이 책에 실린 만두 레시피는 엄마의 딸로서 자랑스러움을 느낄 수 있는 순간을 담고 있다.

1. 큰 프라이팬에 올리브 오일과 참기름을 두르고 중강불에서 달군다. 감자, 당근, 대파, 양송이버섯, 김치, 마늘, 소금, 후추를 넣고 채소가 부드러워질 때까지 약 5분간 볶는다. 간장을 넣어 디글레이징한다.

2. 푸드 프로세서에 볶은 채소들과 익힌 당면을 넣는다. 16-20번 펄스 모드로, 채소가 거의 페이스트와 같은 농도가 되도록 다진다. 다진 재료를 큰 그릇으로 옮긴 다음, 두부를 넣고 포크로 으깨서 다진 채소와 잘 섞는다. 국간장을 넣는다. 이때가 만두소의 간을 조절할 수 있는 마지막 단계다. 만두소는 바로 만두를 빚거나, 냉장고에 보관해 두고 나중에 사용해도 된다. 만두소를 약 1시간 정도 냉장고에 두면 만두피에 소를 넣기가 수월해진다.

3. 만두를 빚기 위해서는 먼저 만두피의 가장자리에 약간의 물을 묻힌 다음 손바닥에 만두피를 올린다. 중앙에 만두소 약 2큰술 정도를 넣고 만두피를 반으로 접는다. 손가락으로 만두피의 두 가장자리를 눌러 붙인다. 이렇게 만든 만두는

유산지나 코팅되어 있어 잘 달라붙지 않는 작업대에 옮긴다. 만두가 서로 붙을 수 있으니 닿지 않게 한다. 빚은 만두를 냉동실에 보관하면 최대 3개월 동안 두고 먹을 수 있다.

4. 만두는 찌거나 굽거나 튀길 수도 있고 에어프라이어로 조리할 수도 있다. 매콤한 간장 드레싱과 함께 곁들여 먹는다.

두부찌개

🥣 : 4인분
☆ : 쉬움
🌿 : GFO, NF

재료
- 엑스트라 버진 올리브 오일 1큰술
- 2cm 두께로 썬 단단한 두부 1모
- 줄기는 제거하고 반으로 자른 방울양배추 10-12개
- 반으로 자른 감자 3개
  *수분이 많은 감자가 좋다.
- 얇게 슬라이스한 빨간색 파프리카 ¼컵
- 매콤한 간장 드레싱 ¼컵 p.51
- 채수 1컵 p.45
- 적당한 크기로 썬 케일 잎 5장
  p.87 chef's tip

두부를 둘러싼 많은 오해들이 있다. 대부분의 사람들이 두부를 고기의 대체 재료라고만 생각하고 그다지 흥미롭지 않은 재료로만 여긴다. 하지만 사실 두부는 맛있고 영양가 있는 단백질 원천으로 인정받는 재료다. 나는 두부를 좋아해서 특히 찌개에 넣어 즐겨 먹곤 한다. 이 두부찌개는 단시간에 요리가 가능한 레시피로, 특히 냉장고에 매콤한 간장 드레싱이 있다면 쉽게 만들 수 있다. 이 레시피는 전통적인 한식 버전은 아니지만, 한식당에서 가족들과 함께 즐겼던 푸짐하고 따뜻한 찌개의 맛을 떠올리게 한다. 건강한 채소와 감자가 들어 가고, 출출할 때 배를 채우기에도 좋다.

1. 팬에 올리브 오일을 두르고 중강불에서 달군다. 오일이 뜨거워지면 두부를 한 겹 올리고 양면이 고르게 익도록 조심스럽게 뒤집으며 익힌다.
2. 방울양배추, 감자, 파프리카, 매콤한 간장 드레싱, 채수를 넣는다. 끓어오르면 불을 줄이고 뚜껑을 덮는다. 감자에 포크가 들어갈 정도로 약 15분간 익힌다.
3. 케일을 넣고 뚜껑을 덮는다. 케일의 숨이 죽고 밝은 초록색이 될 때까지 약 1분간 더 익힌다. 나무 숟가락으로 케일을 소스와 섞는다.

김치볶음밥

🍚 : 2인분
☆ : 낮음
🌿 : GFO, NF

재료
- 식물성 오일 2큰술
  +추가로 필요한 만큼
- 하루 지난 밥 1½컵
- 다진 당근 1개
- 다진 초록색 파프리카 ½개
- 다진 적양파 ¼개
- 다진 주키니호박 ½개
- 다진 대파 1대
- 다진 마늘 3쪽
- 다진 배추김치 1컵 p.119
- 소금 1작은술
- 후추 ½작은술
- 콩 불고기 ½컵 p.237
- 계란말이 ½개 p.99
- 매콤한 고추장 드레싱 2큰술 p.53

다른 문화권의 요리와 마찬가지로 한국에서도 음식이 상하기 전에 모든 남은 음식 재료들을 활용한다. 김치볶음밥은 비빔밥처럼 필요에 의해 탄생한 요리이다. 김치찌개와 마찬가지로 김치볶음밥도 잘 익은 신 김치를 넣었을 때 가장 맛이 좋다. 밥도 마찬가지다. 하루 지난 밥으로 만들면 최고의 맛을 낼 수 있다. 나머지 재료들은 이 레시피에서 설명하는 비율대로 넣지만, 냉장고에서 찾을 수 있는 남은 재료들을 활용해도 좋다. 거의 모든 채소를 사용할 수 있다.

1. 큰 프라이팬이나 웍에 식물성 오일 1큰술을 넣고 달군다. 밥의 절반을 넣고 주위가 약간 보기 좋은 갈색이 될 때까지 볶는다. 볶음밥을 팬에서 꺼낸다. 남은 밥도 넣고 필요하다면 오일을 추가하면서 볶는다.

2. 밥을 모두 팬에 넣고 팬 가장자리로 밥을 밀어서 중앙에 빈 공간을 만든다. 팬 중앙에 남은 식물성 오일 1큰술을 넣는다. 다진 채소들, 마늘, 김치, 소금, 후추도 넣고 김치가 부드러워질 때까지 1-2분 정도 볶는다. 그런 다음 가장자리로 밀어 두었던 밥을 함께 섞으며 모든 재료를 1분간 더 볶는다.

3. 콩 불고기, 계란말이, 매콤한 고추장 드레싱을 넣는다. 중불에서 계속 저어 가며 밥이 먹음직스러운 주황색이 될 때까지 약 1분간 볶는다.

버섯죽

🍚 : 4인분
☆ : 중간
🌱 : GFO, NF

재료
- 엑스트라 버진 올리브 오일 1큰술
- 물에 불린 후 얇게 썬 말린 표고버섯 큰 것 3개 또는 작은 것 4개
- 소금 1작은술
- 하루 지난 밥 2컵
- 버섯 다시 4컵 p.41
- 매콤한 간장 드레싱 2큰술 p.51
- 참기름 1작은술

한국 학생들은 몸이 좋지 않을 때 엄마가 직접 만들어 주신 따뜻한 쌀죽을 보온병에 담아 도시락을 싸가곤 한다. 속을 편안하게 만들어 주는 이 요리는 누군가를 아끼고 사랑하는 마음과 정성이 담겨 있다. 리소토와 마찬가지로 부드럽게 만들기 위해 쌀을 자주 저어 주어야 한다. 그러나 쌀이 충분히 익을 때까지 리소토보다 조금 더 긴 시간 익혀야 한다. 만든 이의 사랑과 섬세한 배려가 가득 담겨 부드러운 입자의 쌀로 남는다.

1. 돌솥, 더치 오븐 또는 중간 크기의 냄비에 올리브 오일을 두르고 중강불에서 달군다. 오일이 뜨거워지면 표고버섯을 넣고 약 1분간 볶는다. 소금 1작은술을 넣고 표고버섯이 보기 좋은 갈색이 될 때까지 4-5분간 더 볶는다.

2. 하루 지난 밥을 넣고 나무 숟가락으로 살짝 으깨주면서 볶아 둔 버섯과 함께 섞는다. 중약불에서 버섯 다시를 한 국자씩 넣고 저어 가며 국물이 거의 없어질 때까지 이 과정을 반복한다. 이 과정은 최대 45분 정도 소요되는데 바로 이렇게 긴 조리 과정 때문에 죽이 사랑의 노고가 담긴 음식의 상징이라고 여겨지는 것이다.

3. 마지막으로 남은 버섯 다시 1컵을 넣고 뚜껑을 덮은 뒤, 국물이 모두 증발하고 죽과 같은 걸쭉한 농도가 될 때까지 약 5-7분간 약불에서 끓인다. 필요에 따라 소금을 더해 간을 맞춘다.

4. 먹기 직전에 매콤한 간장 드레싱과 참기름을 가볍게 두른 뒤 먹는다.

고추장 소스를 곁들인 라자냐

- 🍲 : 6인분
- ☆ : 중간
- 🌿 : GFO

오븐에 구운 토마토
- 엑스트라 버진 올리브 오일 2큰술
- 고추장 1작은술 p.28
- 슬라이스한 로마 토마토 또는 플럼 토마토 3개
- 소금 2작은술
- 후추 1작은술

오븐에 구운 호박
- 슬라이스한 주키니호박 2개
- 소금
- 엑스트라 버진 올리브 오일 2큰술
- 된장 1작은술 p.27

고추장 소스 재료
- 엑스트라 버진 올리브 오일 2큰술
- 다진 샬롯 2개
- 다진 마늘 4쪽
- 다진 당근 1개
- 소금 2작은술
- 후추 1작은술
- 말린 오레가노 1큰술
- 고추장 2큰술 p.28
- 발사믹 식초 1큰술
- 화이트 와인 ¼컵

라자냐는 다양한 요소들이 완벽하게 어우러져야 하는 도전적인 요리다. 하지만 이 레시피의 조합을 한번 익히게 되면, 라자냐는 가장 즐겨 먹는 요리가 될 수 있다. 이 레시피의 핵심은 바로 고추장 소스다. 여러 차례 시도해 깊은 감칠맛과 단맛이 살짝 감도는 고추장 소스를 만드는 방법을 찾아냈다. 토마토 페이스트를 사용하는지에 대해서도 고민 끝에 꼭 필요하지 않다는 결론을 내렸다. 실제로 이 레시피 소스에는 토마토 페이스트를 사용하지 않고 특별한 풍미와 매운맛을 더하기 위해 고추장을 사용한다. 라자냐의 버섯 필링을 만들 때는 바비큐 소스도 약간 사용한다. 이런 작은 차이점들이 독특한 맛을 더해준다. 이 라자냐는 미리 만들어 두고 먹을 수 있으며, 남은 음식은 다시 데워 먹어도 여전히 훌륭한 맛을 선사할 것이다.

전날 준비할 사항

1. 오븐에 토마토 굽기: 오븐을 120℃로 예열한 후 큰 베이킹 시트에 스프레이 오일을 뿌린다.
2. 작은 그릇에 올리브 오일과 고추장을 섞는다. 슬라이스한 토마토에 올리브 오일과 고추장 혼합물을 바른다. 브러시를 이용해 발라도 되고, 큰 그릇에 넣고 버무려도 좋다.
3. 베이킹 시트에 토마토를 한 겹 깐다. 소금과 후추를 준비한 분량의 절반 정도만 뿌린다. 토마토를 뒤집어서 남은 소금과 후추를 뿌린다.
4. 베이킹 시트를 오븐으로 옮기고, 토마토가 건조되고 어느 정도 캐러멜라이징될 때까지 1시간에서 1시간 30분 동안

- 적당한 크기로 썬 캄파리 토마토 큰 것 18개 또는 작은 것 24개 (또는 계절에 따라 에어룸 토마토 큰 것 8-10개)
- 월계수 잎 3장

아보카도 베샤멜소스 재료
- 씨를 제거하고 반으로 자른 아보카도 1개
- 소금 1작은술
- 생바질 잎 1컵
- 신선한 레몬즙 1큰술
- 껍질을 제거한 마늘 1쪽
- 캐슈너트 ½컵
- 식물성 우유 ¼컵
- 뉴트리셔널 이스트 1큰술

두부 리코타 재료
- 말린 표고버섯 큰 것 5개 또는 작은 것 6개(불려서)
- 발사믹 식초 1큰술
- 소금 1작은술
- 후추 1작은술
- 물기를 제거한 단단한 두부 1모

p.103 chef's tip

버섯 필링 재료
- 엑스트라 버진 올리브 오일 1큰술
- 줄기는 제거하고 갓만 적당한 크기로 썬 포토벨로버섯 3개
- 다진 양파 ¼컵

굽는다. 식혀서 그릇에 담고 냉장고에서 하룻밤 보관한다.

5. <mark>오븐에 주키니호박 굽기</mark>: 오븐의 가장 아래쪽 랙을 준비해 두고 245℃로 예열한다. 베이킹 시트 위에 유산지를 깔아 둔다. 키친타월 위에 호박을 한 겹 깔고 소금을 뿌린다. 호박을 뒤집어서 소금을 뿌린다. 15분에서 20분 정도 두고 호박에서 나온 물기를 제거한다.

6. 작은 그릇에 올리브 오일과 된장을 섞는다. 슬라이스한 호박에 올리브 오일과 된장 혼합물을 브러시나 숟가락으로 바른다. 베이킹 시트에 호박을 한 겹 깐다. 너무 많은 호박을 한 번에 올리지 않도록 주의한다. 오븐으로 옮겨서 호박의 밑면이 보기 좋은 갈색이 될 때까지 약 12분간 굽는다. 뒤집어서 반대 면도 보기 좋은 갈색이 될 때까지 1-2분간 더 굽는다. 냉장고에서 하룻밤 보관한다.

7. <mark>고추장 소스 만들기</mark>: 냄비에 올리브 오일을 두르고 중불로 달군다. 샬롯, 마늘, 당근, 소금, 후추, 말린 오레가노를 넣고 샬롯이 투명해질 때까지 약 3분 정도 볶는다. 고추장을 넣고 나무 숟가락으로 채소에 고추장이 골고루 묻도록 섞는다. 발사믹 식초와 화이트 와인을 넣고 디글레이징한다.

8. 소스가 적당한 농도로 되직해지면 토마토와 월계수 잎을 넣는다. 소스가 끓으면 약불로 줄여서 저어 주며 소스가 약 ⅓ 정도로 줄어들 때까지 45분간 끓인다. 토마토 종류에 따라 토마토에서 수분이 나오는 경우 소스에 물기가 많을 수도 있다. 이런 경우에는 조금 더 졸인다.

9. 월계수 잎을 소스에서 꺼내고 버린다. 핸드 블렌더로 원하는 농도가 될 때까지 소스를 섞는다. 덩어리진 소스는 씹는 맛을 느낄 수 있다.

- 소금 1작은술
- 다진 당근 ½컵
- 바비큐 소스 2큰술 p.47

라자냐 쌓기
- 글루텐 프리 라자냐 면 12-15개
- 구운 된장 양파 p.89
- 위에 뿌릴 엑스트라 버진 올리브 오일

당일 준비할 사항

1. **아보카도 베샤멜소스 만들기**: 믹서기에 아보카도, 소금, 바질, 레몬즙, 마늘, 캐슈너트, 식물성 우유, 이스트를 넣고 부드러워질 때까지 섞는다.
2. **두부 리코타 만들기**: 푸드 프로세서에 표고버섯, 발사믹 식초, 소금, 후추, 두부를 넣고 약 20초간 작동시킨다.
3. **버섯 필링 만들기**: 프라이팬에 올리브 오일을 두르고 중불에서 달군다. 포토벨로버섯, 양파, 소금을 넣고 양파가 캐러멜라이징되기 시작할 때까지 3-4분간 볶는다. 당근과 바비큐 소스를 넣고 약 2분간 더 볶은 후 옆에 놓아둔다.
4. **라자냐 쌓기**: 큰 냄비에 물을 끓이고 라자냐 면을 조리법에 안내된 조리 시간의 절반 정도만 삶는다. 면이 서로 달라붙지 않도록 차가운 물에 담가 둔다.
5. 오븐을 218°C로 예열한다.
6. 베이킹용 그릇의 밑바닥을 완전히 덮을 만큼 고추장 소스를 한 국자 넣는다. 그 위에 다음과 같은 순서로 라자냐를 층층이 쌓아 올린다. (1) 라자나 면, (2) 두부 리코타, (3) 아보카도 베샤멜소스, (4) 버섯 필링, (5) 오븐에 구운 애호박과 구운 된장 양파, (6) 고추장 소스. 고추장 소스를 모두 사용할 때까지 이 과정을 반복한다.
7. 라자냐 맨 위에 오븐에서 구운 토마토를 올리고 올리브 오일을 살짝 뿌린다.
8. 라자냐를 오븐으로 옮겨서 가장자리에 거품이 생길 때까지 굽는다. 약 45-55분간 구운 후 15분간 식힌다.

오므라이스

🍚 : 2인분
☆ : 중간
🌿 : GFO, NF

볶음밥 재료
- 식물성 오일 2큰술
- 하루 지난 밥 2컵
- 다진 당근 ¼컵
- 다진 적양파 ¼컵
- 다진 양송이버섯 ¼컵
- 다진 대파 ¼컵
- 다진 빨간색 파프리카 ¼컵
- 냉동 완두콩 ¼컵
- 다진 마늘 2쪽
- 소금 2작은술
- 후추 1작은술
- 바비큐 소스 1작은술 p.47

오믈렛 재료
- 식물성 계란 대체 식품 JUST Egg 1컵
- 소금 1작은술
- 후추 ½작은술
- 반으로 자른 비건 치즈 1장
- 다진 빨간색 파프리카 2큰술
- 다진 대파 2큰술
- 엑스트라 버진 올리브 오일 1큰술
- 바비큐 소스 p.47

오므라이스는 영어 단어인 'omelet'과 'rice'를 조합하여 지어진 이름이다. 이름에서 알 수 있듯이, 오므라이스는 주로 볶음밥 위에 오믈렛을 얹고 케첩을 곁들인다. 이전에는 오믈렛을 좋아하지 않았고, 케첩은 감자튀김을 찍어 먹을 때만 사용하는 편이었다. 하지만 비건 버전으로 다시 시도해 보았다. 오므라이스를 특별하게 만드는 핵심은 바로 단조로운 케첩을 자신이 선호하는 소스로 대체하는 것이다. 그래서 바비큐 소스를 사용하기로 했다. 바비큐 소스의 감칠맛과 달콤한 풍미가 오믈렛과 밥의 짭짤한 맛과 잘 어울린다.

1. **볶음밥 만들기**: 큰 프라이팬이나 웍에 식물성 오일 1큰술을 두르고 강불에서 달군다. 오일이 뜨거워지면 팬에 밥 1컵을 넣고 가장자리가 보기 좋은 갈색이 될 때까지 4-5분간 볶은 뒤 팬에서 꺼낸다. 남은 밥 1컵도 같은 방법으로 볶는다.

2. 중불로 줄이고 볶음밥을 팬에 다시 넣고 중앙에 빈 공간을 만든다. 팬 중앙에 남은 식물성 오일 1큰술을 넣는다. 오일과 함께 당근, 적양파, 양송이버섯, 대파, 파프리카, 완두콩, 마늘, 소금, 후추를 넣고 약 2분간 익힌다. 그런 다음 밥과 잘 섞는다. 바비큐 소스를 넣어 섞는다. 오믈렛을 만드는 동안 밥이 따뜻한 상태를 유지하도록 뚜껑을 덮어 둔다.

3. **오믈렛 만들기**: 큰 그릇에 계란 대체 식품, 소금, 후추, 비건 치즈, 파프리카, 대파를 섞는다. 코팅된 프라이팬에 올리브 오일 ½큰술을 중앙에 두르고 중불에서 달군다. 오일이 뜨

거워지면 섞어 둔 계란 혼합물 절반을 팬에 붓는다. 바닥이 완전히 익을 때까지 약 2분간 익힌다. 스패출러로 오믈렛을 뒤집어서 1분 정도 더 익힌다. 완성된 오믈렛을 팬에서 꺼내어 따로 놓는다. 나머지 올리브 오일 ½큰술과 계란 혼합물을 같은 방법으로 익힌다.

4. 오믈렛을 2개의 오목한 그릇에 나눠 담고, 그릇 전체를 오믈렛이 덮도록 놓는다. 볶음밥도 2개의 분량으로 나눈 후, 오믈렛 위에 볶음밥을 얹어 준다. 납작한 그릇을 뚜껑처럼 덮은 후 뒤집으면 오믈렛에 감싸진 볶음밥이 돔 형태로 단정하게 놓인다.

5. 바비큐 소스를 뿌려서 함께 먹는다.

두부조림

> - 🥣 : 4인분
> - ☆ : 중간
> - 🌱 : GFO, NF
>
> 재료
> - 단단함이 중간 정도인 두부 1모
> - 엑스트라 버진 올리브 오일 1큰술
> - 매콤한 간장 드레싱 3큰술 p.51
>   +소스용 추가분
> - 채수 ½컵 p.45
> - 가늘게 채 썬 양파 1개
> - 다진 당근 1개
> - 가늘게 슬라이스한 버섯 큰 것 3개
>   또는 작은 것 4개
> - 다진 대파 2대
> - 볶은 참깨 1큰술

이 레시피는 피곤한 하루를 마치고 물 끓이는 것조차 귀찮을 때 해 먹을 수 있을 정도로 간단하다. 두부의 부드럽고 매끈한 질감을 즐길 수 있는 단단한 두부를 사용하는 것을 추천한다. 하지만 단단한 두부가 없어도 초보자도 쉽게 만들 수 있는 첫 비건 레시피가 될 것이다.

1. 두부를 1cm 두께로 자른다.
2. 프라이팬에 올리브 오일을 두르고 중불에서 달군다. 오일이 뜨거워지면 두부를 한 겹 올리고 양면이 고르게 익도록 뒤집으며 익힌다. 팬이 크지 않다면 여러 번 나눠서 해야 할 수도 있다.
3. 팬에 매콤한 간장 드레싱과 채수를 넣고 끓인다. 끓어오르면 불을 줄인다. 두부 위에 양파, 당근, 버섯을 올리고, 팬 뚜껑을 덮은 뒤 국물이 졸여질 때까지 15-20분간 익힌다. 졸이는 동안 조림 국물을 두부와 채소 위에 조금씩 끼얹어 준다.
4. 대파와 참깨를 올린다. 매콤한 간장 드레싱을 두부 위나 옆에 뿌린다.

마파두부

🥣 : 4인분
☆ : 중간
🌿 : NF

재료
- 줄기는 제거하고 다진 생표고버섯 큰 것 5개 또는 작은 것 6개
- 참기름 1작은술
- 간장 1작은술과 1큰술
- 후추 ½작은술
- 감자 전분 1큰술
- 소금
- 깍둑썰기한 두부 1모
- 식물성 오일 3큰술
- 두반장 1½큰술 chef's tip
- 고춧가루 ½큰술 p.30
- 다진 마늘 4쪽
- 흰 부분과 초록 부분을 나눈 뒤 다진 대파 2대
- 얇게 슬라이스한 생강 1작은술
- 검은콩된장 ½큰술 chef's tip
- 메이플 시럽 1작은술
- 핑크 후추 ½큰술

마파두부는 중식당에서 가장 좋아하는 요리 중 하나다. 그런데 비건을 시작하기 전에 자주 가던 중식당들에서는 비건식 마파두부를 만드는 곳을 찾을 수가 없었다. 그래서 직접 비건 버전으로 응용해 보았다. 사실 이 레시피는 큰 도전이었다. 이전에는 사용하지 않았던 낯선 재료들을 사용했기 때문이었다. 된장과 비슷하지만 좀 더 강한 향이 있는 두반장과 핑크 후추도 마찬가지였다. 두반장은 마파두부에 깊은 맛을 더하는 데 중요한 역할을 하며, 핑크 후추는 소스에 산뜻한 한 방을 선사한다. 요리 과정이 어렵긴 했지만, 낯선 재료를 다루고 완전히 새로운 맛을 경험하는 것을 배울 수 있었다. 뿐만 아니라 좋은 요리의 가장 중요한 재료는 겸손한 마음이라는 것도 알게 됐다.

1. 작은 그릇에 버섯을 넣고 참기름, 간장 1작은술, 후추와 함께 버무려서 한쪽에 놓아둔다.

2. 다른 그릇에 감자 전분과 물 3큰술을 섞는다. 전분물도 따로 놓아둔다.

3. 큰 냄비에 물을 끓인다. 물에 소금을 약간 넣은 후 조심스럽게 두부를 넣어 1분간 삶는다. 두부를 꺼내어 키친타월로 물기를 제거한다.

4. 큰 프라이팬이나 웍에 식물성 오일 2큰술을 두르고 달군다. 오일이 뜨거워지면 한쪽에 놓아둔 버섯을 넣고 약 5분간 익힌다. 다 익으면 꺼내 식힌다.

5. 팬에 남은 식물성 오일 1큰술, 두반장, 고춧가루를 넣고 타지 않도록 계속 저어 주며 약 1분간 볶는다. 마늘, 대파, 생

강, 검은콩된장을 넣고 30초간 볶는다.

6. 팬에 물 1컵을 넣고 끓인다. 조심스럽게 두부를 넣고 남은 간장 1큰술, 메이플 시럽, 볶은 버섯을 넣는다. 불을 줄이고 저어 가며 물이 절반으로 줄어들 때까지 약 7분간 끓인다.
7. 전분물을 잘 저어 섞은 후 절반을 팬에 넣고, 대파 초록색 부분도 넣고 젓는다. 농도가 되직해질 때까지 필요한 경우 남은 전분물을 넣고 젓는다.
8. 핑크 후추와 소금으로 간을 맞춘다.

chef's tip

두반장은 비건식 마파두부에 사용되는데, 피쒠지안Pixian 지역의 얼진탸오Erjingtiao 고추와 누에콩을 사용하여 만든 고추장이다. 두반장은 중국의 쓰촨 지역 요리에서 널리 사용되며 매운맛과 짭짤한 맛이 특징이다. 이 레시피에서는 소금을 과하게 사용하지 않고 저염 간장을 사용하는 것이 좋다. 중국어로는 '두치'라고 불리는 두반장은 마트에서 판매하는 춘장과는 다른 것이니 구분해서 사용해야 한다.

버섯 크림 캐서롤

🍲 : 6인분
☆ : 낮음
🌱 : GFO

버섯 크림소스 재료
- 올리브 오일 3큰술
- 적당한 크기로 썬 버섯 1컵 chef's tip
- 다진 마늘 3쪽
- 다진 샬롯 큰 것 1개
- 얇게 슬라이스한 감자 ½컵
  *수분이 적은 감자가 좋다.
- 구운 무염 캐슈너트 1컵
- 마늘 가루 1큰술
- 양파 가루 1큰술
- 소금 1작은술
- 후추 ½큰술
- 된장 1큰술 p.27
- 화이트 와인 ¼컵
- 버섯 다시 ¾컵 p.41
- 뉴트리셔널 이스트 2큰술
- 식물성 우유 1컵

캐서롤 재료
- 글루텐 프리 파스타 340g
- 비건 소시지 2개
- 올리브 오일 1큰술
  +위에 뿌릴 추가분
- 줄기는 제거하고 잘게 다진 포토벨로버섯 3개

이 캐서롤 요리는 어린 시절 미국식 요리를 해달라고 계속 조르는 우리를 위해 엄마의 손끝에서 탄생한 레시피다. 나는 엄마의 캐서롤 요리를 비건 버전으로 만들어 보기로 결심했다. 버섯 크림 소스는 캐슈너트와 버섯을 사용하여 영양소가 풍부한 건강식으로 만들어 보았다. 그리고 건강식의 스펙트럼을 넓혀 주는 케일도 추가하였다.

1. 오븐을 175℃로 예열한다.
2. <mark>버섯 크림소스 만들기</mark>: 냄비에 올리브 오일을 두르고 중불에서 달군다. 버섯, 마늘, 샬롯을 넣고 샬롯이 투명해질 때까지 약 3분간 볶는다.
3. 감자, 캐슈너트, 마늘 가루, 양파 가루, 소금, 후추, 된장을 넣는다. 냄비 안에서 재료와 양념을 골고루 섞는다.
4. 화이트 와인을 넣어 디글레이징하고, 나무 주걱으로 바닥에 끈적거리는 부분을 긁어낸다. 와인이 농축되어 걸쭉해질 때까지 조금 기다린다. 버섯 다시를 넣어 끓이고, 국물이 졸여지고 감자가 부드러워질 때까지 중불에서 약 10분간 끓인다. 감자의 두께에 따라서 조리 시간은 달라질 수 있다.
5. 혼합물을 블렌더에 옮겨 담는다. 이스트와 식물성 우유를 넣고, 크림이 부드러워질 때까지 간다. 버섯 크림소스의 간은 소금으로 맞춰 조절한다.
6. <mark>캐서롤 만들기</mark>: 조리법에 안내된 조리 시간의 절반 동안만 파스타를 삶는다.
7. 파스타를 삶는 동안, 비건 소시지를 푸드 프로세서에 넣고

chef's tip

캐서롤 요리는 보통 요리한 그다음 날에 맛이 더 좋은 경우가 많다. 남은 캐서롤 요리를 데울 때는 오븐을 218℃로 예열해서 35분간 데운다. 이쑤시개로 찔렀을 때 묻어 나오는 부분이 따뜻하면 잘 데워진 것이다.

- 다진 마늘 3쪽
- 다진 양파 ¼컵
- 소금
- 후추 ½작은술
- 다진 호두 2큰술
- 가늘게 채 썬 케일 1컵
- 발사믹 식초 ½큰술
- 간장 1큰술
- 얇게 슬라이스한 감자 큰 것 3개 또는 작은 것 4개
  *수분이 높은 감자가 좋다.
- 냉동 그린빈 2컵

아주 작은 자갈 크기로 간다.

8. 큰 프라이팬에 올리브 오일을 두르고 중강불에서 달군다. 오일이 뜨거워지면 갈아 둔 비건 소시지, 버섯, 마늘, 양파를 넣어 약 4분간 볶는다. 소금과 후추로 간을 맞춘다.

9. 호두와 케일도 넣고 케일의 숨이 죽을 때까지 볶는다. 발사믹 식초와 간장을 넣고 디글레이징한다.

10. 베이킹 팬에 스프레이 오일을 가볍게 뿌린다. 다음 순서로 층층이 쌓아 올린다. 슬라이스한 감자, 삶아 둔 파스타, 넉넉한 분량의 버섯 크림 소스, 비건 소시지 혼합물, 냉동 그린빈. 재료를 모두 사용할 때까지 이 과정을 반복한다. 마지막은 비건 소시지 혼합물을 올리고, 그 위에 슬라이스한 감자 몇 조각을 올려 마무리한다. 완성된 캐서롤 위에 올리브 오일을 가볍게 뿌린다.

11. 베이킹 팬을 오븐에 넣고 가장자리에 거품이 생길 때까지 약 45분간 굽는다.

12. 캐서롤이 식을 때까지 잠시 기다렸다가 잘라서 먹는다. 냉장고에 보관하여 다음 날에도 먹을 수 있다. chef's tip

chef's tip

버섯 크림소스에는 표고버섯, 크레미니버섯, 포토벨로버섯, 양송이버섯, 팽이버섯, 느타리버섯 등 대부분의 버섯들을 대부분을 사용할 수 있다. 이렇게 만들어 둔 버섯 크림소스는 파스타, 리소토, 구운 콜리플라워에 사용할 수 있다.

9.
낯선 재료의 달콤한 조화,
디저트

'감'이라는 단어를 떠올리면 언제나 입맛이 돈다. 감은 내가 먹어 본 과일 중에 아마도 가장 달콤하고 수분이 많은 과일일 것이다. 겨울철에 아빠가 한국 식료품점에서 감 한 상자를 사서 집에 갖고 오실 때면, 할머니께서 이제 다 익어서 먹을 수 있겠다고 이야기해 주실 때까지 감은 보석 상자 안에 놓인 반짝이는 루비처럼 탁자 위에 놓여 있었다. 감에는 떫은맛을 내는 탄닌 성분을 함유하고 있으므로 충분히 익어서 말랑말랑해질 때까지 기다려야 한다. 한국에서는 대개 간식으로 과일을 먹는다. 하지만 9장에서는 신선한 과일 이상의 다양한 디저트를 만나볼 수 있다. 여기에는 제과점에서 찾을 수 있는 전통적인 디저트도 있지만, 그중 한국적인 특징을 가미한 특별 메뉴들도 포함되어 있다.

엄마와 초콜릿

"감꽃이 땅에 떨어져 마치 눈처럼 땅을 뒤덮었다.
나는 그것들을 주워 먹어 보았다.
무척 달콤하고 아름다운 맛이었다.
나는 내가 점점 예뻐지고 있다고 생각했다.
이 꽃을 먹고 나면 꽃들처럼 아름다워질 것이라고 생각했다."

-엄마-

엄마는 1살이 채 되기도 전에, 할머니의 등에 업혀 피난길을 가던 중 거의 죽을 뻔한 적이 있다. 엄마의 고향인 옹진은 한국 전쟁 초기에 전투가 벌어진 지역이다. 가족에게 유일하게 보장된 안전한 피난길은 바로 연안에서 피난민들을 기다리고 있던 미군함을 타는 것이었다. 영화 속에서는 전쟁 난민들이 끝없이 걸어가는 모습이 종종 등장하곤 하는데, 마치 음식과 물이 거의 없는 상황에서도 등에 아이를 업은 채로 계속해서 걸을 수 있는 것처럼 비추어진다. 외조부님은 거의 2주에 걸쳐 겨우 서해에 발을 내디딜 수 있었고, 한 살배기 아기였던 엄마는 말 그대로 아사 직전이었다.

외조부님과 두 딸은 배에 몸을 싣고 떠나왔다. 그렇게 한국으로 오는 통행권은 얻을 수 있

당시 옹진군 전투를 다룬 뉴욕타임스 기사

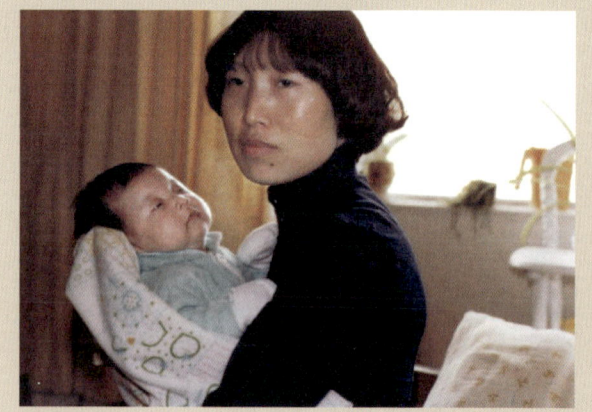

었지만 먹을 음식이 전혀 없었다. 엄마의 울음소리는 고통스럽게 커져 갔다. 얼마나 오랫동안 바다 위에 떠 있어야 할지 전혀 알지 못한 채 외조부모님의 시선은 울음으로 부어오른 엄마의 얼굴에서 벗어나 등 뒤로 출렁이는 회색빛 바다로 향했다. 이내 외할머니와 외할아버지는 엄마를 물속에 빠뜨리기로 결심했다.

이 이야기를 다른 사람에게 말했을 때, 많은 사람이 공포에 질린 채로 외조부모님을 살인 미수범이라고 비난했다. 솔직히 말하면, 외조부모님이 얼마나 절박했길래 그런 생각까지 했을까 싶은 마음에 사람들의 반응이 쉽게 이해되지는 않는다. 두 분은 이 같은 결심을 하고 배의 가장 위에 있는 갑판으로 올라가, 누구도 범죄 시도를 목격하지 않기를 바라면서 엄마를 물속에 놓아 버리고자 했다.

그런데 외조부모님이 끔찍한 일을 벌이려고 하던 바로 그 순간, 미군 두 명이 다가왔다. 그들은 진흙에 물든 녹색 군복을 입고 영어로 말을 건넸다. 외할머니와 외할아버지가 군인들이 무슨 말을 하는지 이해하고 있었다 하더라도, 자신들의 상황이나 계획을 설명할 길이 전혀 없었다. 미군들이 외조부모님과 이야기하려고 시도하는 동안, 잔뜩 화가 난 엄마는 그들 사이로 주먹을 휘둘렀다. 그때 미군 한 명이 엄마의 손에 허쉬 초콜릿을 쥐여 주었다. 68년이 지난 지금, 엄마는 자신의 미국인 딸에게 "그 군인들이 내 생명을 구해 줬어."라며 당시를 회상했다.

서울 할머니는 돌아가시기 전 몇 주 동안 혼수상태를 오갔다. 말기 신부전, 간암, 그리고 무자비한 폐렴이 할머니의 육체를 한꺼번에 덮쳤다. 할머니는 침대 시트를 움켜쥐면서 마치 씨앗을 심

서울 할머니와 나

서울 할머니와 할아버지

을 때 흙을 파는 것처럼 손을 휘저었다. 나는 그런 모습을 수없이 많이 보았다. 그리고 꿈속에서는, 할머니의 육체는 더 이상 통증으로 고생하지 않고 농장에서 고된 하루 일과를 마친 농부처럼 기분 좋은 피로함을 느낄 뿐이었다. 그곳은 지평선에 닿지 않는 작은 농장이었지만, 할머니의 땅이었다. 그리고 가을이 깊은 어느 날 그다지 멀지 않은 곳에 감나무가 있었다.

"이 감이 참 크고 달콤해 보여!" 할머니는 잠결에 중얼거리셨다. 엄마는 할머니의 손을 잡으려고 했지만, 할머니의 손은 불안하게 움직였다. 할머니는 잘 익은 감의 달콤한 주황빛 과육이 턱 아래로 흘러내리는 모습을 상상하듯, 아이처럼 입술을 깨물었다. 아이처럼 입술을 깨물었다. 할머니는 다시 꿈속으로 빠져들었다.

그날 밤, 집으로 돌아와서 할머니를 생각했다. 할머니가 꿈속에서 본 감, 아빠가 사오셨던 감, 가을이면 내 입술 사이로 노래하던 감의 향기, 그리고 내가 아직은 닿을 수 없는 곳으로 올라가는 할머니의 달콤한 숨결. 서울 할머니에 대한 마지막 기억은 할머니가 내 손을 꽉 쥐고 있던 모습이다. 할머니는 마치 갓난아이처럼 작은 손으로 어떤 온기라도 붙잡으려고 했다. 나무 뒤로 내리는 흰 눈이 할머니를 우리로부터 멀리 데리고 가는 순간에도 할머니는 그 손을 붙들고 놓지 않으셨다.

법대 졸업식 날 서울 할머니와 나

초콜릿 고구마 케이크

▽ : 16인분
☆ : 중간
🌱 : NF

케이크 재료
- 체로 거른 중력분 2⅔컵(370g)
- 유기농 설탕 2컵(400g)
- 베이킹파우더 1큰술
- 베이킹소다 1½작은술
- 소금 1작은술
- 무가당 코코아 파우더 또는 카카오 1½컵(120g)
- 깍둑썰기해서 익힌 얌 ¾컵(125g)
- 식물성 오일 또는 비건 버터 ¼컵(57g)
- 화이트 와인 식초 또는 사과 식초 1큰술
- 에스프레소 2샷
- 바닐라 익스트랙 2큰술

고구마 프로스팅 재료
- 슈거 파우더 1컵(90g)
- 무가당 코코아 파우더 또는 카카오 ¼컵(25g)
- 깍둑썰기해서 구운 고구마 2컵(300g) chef's tip
- 비건 버터 ¼컵(57g)
- 바닐라 익스트랙 1작은술
- 두유 또는 귀리 우유 1큰술

엄마를 생각하면 초콜릿과 고구마가 떠오른다. 이 두 가지 음식은 엄마의 생명을 구하는 데 중요한 역할을 했다. 엄마를 떠올리며 초콜릿 고구마 케이크를 만들어 보았다. 이 케이크는 미국 자색 얌과 한국 고구마를 함께 사용했다. 한국 고구마는 수분이 적고 밤처럼 고소한 풍미를 가지고 있다. 이 케이크에는 촉촉하고 진한 초콜릿 맛이 가득하며 부드러운 고구마 크림이 올라간다.

1. **케이크 만들기**: 오븐을 175℃로 예열한다. 스프링폼팬 두 개에 스프레이 오일을 뿌리고 바닥에 둥근 유산지를 깔아둔다.
2. 큰 그릇에 중력분, 설탕, 베이킹파우더, 베이킹소다, 소금을 섞는다. 뭉쳐서 딱딱해지지 않도록 잘 젓는다.
3. 중간 크기의 냄비에 코코아 파우더, 얌, 식물성 오일, 식초, 에스프레소, 바닐라 익스트랙, 물 2컵을 넣고 중약불에서 끓인다. 혼합물이 끓어오르면 저어서 소스를 만든다. 약 5분 정도 식힌다.
4. 코코아 파우더 혼합물을 중력분 혼합물에 부어 거품기로 가볍게 섞어 케이크 반죽을 만든다. 지나치게 섞지 않도록 주의한다.
5. 케이크 반죽을 두 개의 스프링폼팬에 골고루 나누어 넣는다. 더 얇게 만들기를 원한다면 팬 세 개에 나눠서 사용할 수도 있다. 정확한 계량을 위해 저울을 사용하는 것이 좋다.
6. 오븐에 넣고 케이크 중앙에 꽂은 이쑤시개에 반죽이 묻어 나오지 않을 때까지 25-28분간 굽는다.

7. 케이크를 팬에 담겨 있는 채로 식힘망 위에서 약 10분간 식힌다. 칼로 팬의 가장자리를 따라 케이크를 살짝 떼어낸 후, 스프링폼팬의 잠금장치를 풀고 조심스럽게 꺼낸다. 식힘망 위에서 완전히 식힌다. 충분히 식힐 시간이 부족하다면 살짝 식힌 뒤 랩에 싸서 냉장고에 보관할 수도 있다.

8. 고구마 프로스팅 만들기: 모든 재료를 실온에 보관한다. 스탠드 믹서에 장착된 거품기를 사용하여 슈거 파우더와 코코아 파우더를 섞는다. 고구마, 버터, 바닐라 익스트랙, 두유를 넣고 골고루 섞어서 부드럽고 크리미한 프로스팅이 완성되도록 한다.

9. 오프셋 스패출러나 숟가락으로 두 개의 케이크에 고구마 프로스팅을 바른다. 케이크를 층층이 겹쳐서 레이어드 케이크로 만들어도 좋다.

chef's tip

한국 고구마는 서양 고구마보다 더 단단하고 수분이 적은 것이 특징이다. 그래서 만약 수분이 많은 고구마나 얌으로 프로스팅을 만들 경우 너무 질어질 수 있으므로 이를 보완하기 위해 슈거 파우더를 ½컵 정도 넣어서 농도를 조절한다.

초콜릿 감 컵케이크

남편에게 처음으로 감을 먹어 보라고 건네주었을 때를 기억한다. 남편은 한 입 물었다가 얼굴을 찌푸리며 손바닥에 뱉고는 "이건 내가 먹어 본 것 중 가장 형편없는 맛이야!"라고 소리쳤다. 나는 웃음을 터뜨리며 "아직 덜 익어서 그래!"라고 설명해 주었다. 몇 주 후에 잘 익은 감을 다시 건네자, 남편은 한 입 먹고는 "세상에, 이건 내가 먹어 본 것 중 최고의 맛이야. 왜 지금까지 먹어보지 않았지?"라고 말했다. 잘 익은 감은 정말 신이 내린 선물과도 같다.

🥣 : 12개
☆ : 중간
🌿 : NF

컵케이크 재료
- 두유 또는 귀리 우유 1컵
- 화이트 와인 식초 1큰술
- 셀프 라이징 밀가루 1컵(240g)
- 무가당 코코아 파우더 ½컵과 2큰술(60g)
- 체로 거른 슈거 파우더 2컵(225g)
- 베이킹파우더 ½작은술
- 베이킹소다 ½작은술
- 소금 1꼬집
- 살짝 녹은 비건 버터 2큰술
- 감 퓌레 ¼컵(80g) 아래 레시피 참고

감 버터크림 프로스팅 재료
- 체로 거른 슈거 파우더 2컵(225g)
- 크림 오브 타르타르 2작은술
- 실온에 둔 감 퓌레 ¼컵(80g)
  아래 레시피 참고
- 실온에 둔 비건 버터 최대 1컵(225g)

1. **컵케이크 만들기**: 오븐을 175℃로 예열한다. 머핀 틀에 12개의 컵케이크 종이 틀을 깔아 둔다.
2. 작은 그릇에 두유와 식초를 섞어서 잠시 옆에 둔다.
3. 큰 그릇에 셀프 라이징 밀가루, 코코아 파우더, 슈거 파우더, 베이킹파우더, 베이킹소다, 소금을 휘핑한다. 두유와 식초 혼합물, 비건 버터, 감 퓌레도 넣고 모든 재료를 섞어 휘핑한다.
4. 숟가락이나 아이스크림 스쿱으로 각 컵케이크 종이 틀에 동일한 양의 반죽을 넣는다.
5. 오븐에 넣고 컵케이크 중앙에 꽂은 이쑤시개에 반죽이 묻어 나오지 않을 때까지 18-20분간 굽는다. 조심스럽게 컵케이크를 꺼내고 식힘망 위에서 완전히 식힌다. 컵케이크가 식기 전에 너무 빨리 프로스팅하면 컵케이크의 열기 때문에 프로스팅이 녹아내릴 수 있다.
6. **감 버터크림 프로스팅 만들기**: 스탠드 믹서에 슈거 파우더, 크림 오브 타르타르, 감 퓌레를 넣고 중속으로 섞는다. 속도

를 높여가며 조금씩 비건 버터를 추가한다.chef's tip 1-2큰술씩 추가하여 원하는 프로스팅 농도가 될 때까지 고속으로 섞는다.

7. 짤주머니나 숟가락의 뒷면으로 완전히 식은 컵케이크 위에 프로스팅을 바른다. 어떤 방법이든 맛있다.

감 퓌레
🥣 : 1½컵

씨를 제거한 말린 감 1컵을 적당히 다진다.chef's tip 블렌더에 감과 물 ¼컵을 넣고 간다. 농도가 너무 되직하여 칼날이 잘 회전하지 않는 경우 물을 조금씩 추가한다.

chef's tip
주변 온도에 따라 프로스팅이 흘러내리거나, 버터를 너무 빠르게 넣으면 분리될 수 있다. 프로스팅이 크림처럼 부드러워질 때까지 비건 버터를 조금씩 추가하면서 속도를 높여 섞는다. 또한 일반적으로 감 퓌레 레시피에서는 생감을 사용하지만, 이 레시피에서는 일 년 내내 만들 수 있도록 말린 감인 곶감을 사용했다. 곶감에는 씨가 없을 수도 있고 여러 개의 씨가 들어 있을 수 있으므로 블렌더에 넣기 전에 씨가 없는 것을 확인하도록 한다.

chef's tip
이 레시피는 글루텐 프리 밀가루와 잘 어울린다.

피칸 팥 파이

🥣 : 8-10인분
☆ : 중간
🌿 : GFO

파이 크러스트 재료
- 중력분 1½컵(210g) chef's tip
- 설탕 1큰술
- 소금 1작은술
- 깍둑썰기 한 차가운 비건 버터 ⅔컵(152g)
- 얼음물 3-4큰술

필링 재료
- 현미 조청 ¾컵(300g)
- 두유 또는 귀리 우유 6큰술
- 팥 1컵(320g) p.34
- 황설탕 ¼컵(50g)
- 녹인 후 식힌 비건 버터 4큰술(57g)
- 소금 ½작은술
- 바닐라 익스트랙 1작은술
- 다진 피칸 2컵(220g)
- 감자 전분 3½큰술(35g)
- 피칸 반태 1컵(110g)

아빠는 피칸을 아주 좋아하셨다. 가족의 입맛을 모두 만족시킬 만한 디저트를 만들기 위해 팥을 넣은 피칸 파이를 만들기로 했다. 빨간색의 팥은 일반적으로 피칸 파이에 들어가는 커스터드류 필링보다 훨씬 단맛이 적다. 팥에 익숙한 한국인들에게도 친숙하지만 새로운 파이가 될 것이다.

1. **파이 크러스트 만들기**: 중력분, 설탕, 소금을 푸드 프로세서에 넣고 비건 버터를 조금씩 추가하면서 펄스 모드로 섞는다. 얼음물을 1큰술씩 추가하면서 반죽이 만들어질 때까지 계속해서 섞는다.
2. 반죽을 공 모양으로 만든다. 필요 이상으로 반죽하지 않도록 한다. 비닐로 감싸고 최소 4시간 가급적이면 하룻밤 동안 냉장고에서 보관한다.
3. 오븐을 175℃로 예열한다.
4. **필링 만들기**: 그릇에 현미 조청, 두유, 팥, 황설탕, 비건 버터, 소금, 바닐라 익스트랙, 피칸, 감자 전분을 넣고 섞는다.
5. 파이 크러스트 반죽을 밀대를 사용해 파이 팬을 덮을 수 있는 크기로 부드럽게 밀어 편다. 반죽을 파이 팬에 올리고 가장자리에 남은 반죽은 가위나 칼로 자른다. 만들어 둔 필링을 넣고 그 위에 피칸 반태를 얹는다.
6. 오븐에 넣고 필링이 너무 흔들리지 않을 정도로 굳어질 때까지 1시간-1시간 15분간 굽는다. 식힘망 위에서 2시간 정도 식힌다.

대추생강차

남편이 한국 음식을 먹고 "내가 먹어 본 것 중 최고야."라고 말할 때만큼 기쁜 순간은 없다. 남편이 한국에서 대추차를 마셔 보고, 대추차를 가장 좋아하는 음료이자 식사를 완벽하게 마무리해 주는 차라고 말한 적이 있다. 전통적인 대추차는 생대추로 만드는데, 시카고에서는 찾기가 힘들다. 하지만 말린 대추는 대부분의 마트에서 구할 수 있다.

- ◗ : 10인분
- ☆ : 낮음
- 🌱 : GF

재료
- 말린 대추 30-40개
- 다진 생강 5작은술
- 설탕 ¾컵
- 고명용 잣

1. 말린 대추를 물에 24시간 동안 담가 불린다. 대추가 부드러워지면 대추의 씨를 제거하고, 3-4개씩 나눠 놓는다.
2. 유리병에 다음과 같은 순서로 재료를 층층이 쌓는다. 다진 대추 3-4개, 생강 ½작은술, 설탕 3-4작은술(각 대추에 1작은술). 숟가락 뒷면으로 재료를 눌러 밀어 넣는다. 대추, 생강, 설탕이 모두 병 안에 가득 찰 때까지 반복한다.
3. 유리병은 냉장고에서 최소 1개월 동안 보관 가능하다. 시간이 지나며 대부분의 설탕이 시럽으로 변해 있을 것이다.
4. 따뜻한 물 1컵에 대추생강청 2큰술을 약 5분 간 우려낸 뒤, 차를 체로 거르고 고명용으로 잣을 띄워 마신다.

꽈배기

🥣 : 16개
☆ : 중간
🌱 : NF

재료
- 액티브 드라이 이스트 2¼작은술
- 설탕 2큰술+¼컵
- 따뜻한 두유 또는 귀리 우유 1컵(240g) *37℃-43℃ 사이
- 강력분 3컵(420g)
- 소금 1꼬집
- 녹인 비건 버터 2큰술
- 아쿠아파바(병아리콩물) 3큰술 또는 식물성 우유
- 튀김용 식물성 오일
- 계핏가루 2큰술

대학 시절에 도넛을 13개 사서 집에 가져와 가족들과 나눠 먹었는데, 아빠는 혼자 하루 만에 8개는 먹을 정도로 도넛을 좋아하셨다. 이제 아빠는 암과의 싸움에서 이겼지만 그래도 엄마와 나는 도넛 섭취를 최소화하려고 노력한다. 그래도 아빠를 위해 이 한국식 도넛을 비건 버전으로 만들어 보았다.

1. 작은 그릇에 이스트, 설탕 2큰술, 두유를 섞는다. 약 10분 정도 거품이 생길 때까지 기다린다.
2. 큰 그릇에 강력분과 소금을 넣고 훅을 장착한 스탠드 믹서나 나무 숟가락으로 섞는다. 이스트 혼합물, 비건 버터, 아쿠아파바를 추가한다. 저속으로 끈끈한 반죽이 만들어질 때까지 섞는다. 반죽을 중속에서 8분간 섞거나 또는 손으로 15분간 빚는다.
3. 반죽을 공 모양으로 만들고, 그릇에 넣는다. 그릇이 약간 따뜻하면 좋다. 그릇을 뚜껑으로 덮은 다음 두 배 정도로 부풀어 오를 때까지 따뜻한 곳에서 1시간 정도 둔다.
4. 반죽을 눌러 가스를 빼낸다. 다시 공 모양으로 만든다. 다시 그릇을 뚜껑으로 덮고, 두 배 정도로 부풀어 오를 때까지 40-45분 정도 둔다.
5. 반죽을 16등분한다. 한 덩이씩 작업하며, 그동안 나머지 반죽은 덮어 두어 마르지 않도록 한다. 한 덩이 반죽을 공 모양으로 만든다. 그런 다음 손으로 반죽을 굴려 길게 늘린다. 반죽의 굵기는 중간이 끝보다 얇아야 한다. 반죽이 달라붙지 않도록 작업대에 밀가루를 뿌린다.

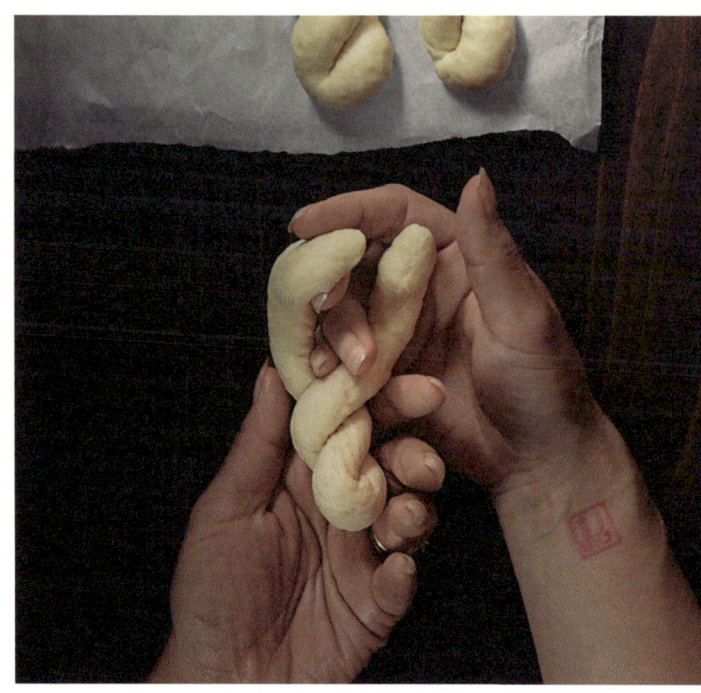

6. 반죽의 오른쪽 끝 위에 오른손을 올려놓고, 왼쪽 끝에 왼손을 올려놓는다. 오른손을 위로, 왼손을 아래로 부드럽게 굴려주면 로프 모양 반죽에 단단한 힘이 생긴다. 반죽을 너무 많이 굴리면 끊어질 수 있으니 주의한다. 양쪽 끝부분을 위로 올려 서로 맞붙이면 자연스럽게 꼬이며 꽈배기 모양이 된다. 나머지 반죽들도 같은 방법으로 반복한다.

7. 꼬아 놓은 반죽들은 키친타월로 덮고 약 10분 정도 놓아 두어 살짝 부풀게 한다. 뒤집어서 반대도 동일하게 한다.

8. 기다리는 동안 큰 냄비에 식물성 오일을 10cm 정도 붓는다. 오일을 약 175°C로 예열한다.

9. 꽈배기 모양으로 만들어 둔 반죽을 여러 번에 걸쳐 튀긴다. 냄비가 작다면 한 번에 하나씩만 넣어서 튀긴다. 조심스럽게 반죽을 오일에 넣고 보기 좋은 갈색이 될 때까지 튀긴다. 식힘망 위에서 식힌다.

10. 비닐봉지가 아닌 종이봉지에 남은 설탕 ¼컵과 계핏가루를 넣는다. 도넛이 아주 뜨겁지는 않고 여전히 따뜻한 상태에서 종이봉지에 넣고 부드럽게 흔들어 준다. 꺼내서 완성된 꽈배기를 맛있게 먹는다.

찰떡

- 🥣 : 8-10인분
- ☆ : 중간
- 🌿 : GF

재료
- 습식 찹쌀가루 5컵(800g) chef's tip
- 설탕 3큰술
- 소금 ½작은술
- 4시간 불린 검은콩 1컵(186g)
- 씨를 제거하고 슬라이스한 대추 12개
- 씨를 제거하고 슬라이스한 곶감 4-5개
- 다진 피스타치오 ¼컵(30g)
- 익혀서 다진 밤 ¼컵(35g)

찰떡 또는 찹쌀떡은 찹쌀을 고운 가루로 빻아서 증기로 익힌 떡이다. 이 레시피를 위해서는 찜기가 필요하다. 30cm 대나무 찜기가 가장 적당하다. 예전에 한국 대형 백화점에 있는 고급 베이커리에 갔는데, 유리 진열장 아래 떡이 보석처럼 전시되어 있었다. 그곳에서 장미꽃잎과 금박 조각으로 장식된 예쁜 찰떡을 샀었다. 찰떡은 설탕이 많이 들어가지 않고 콩과 과일 등 건강한 재료로 만들어진다. 이 레시피에는 곶감과 피스타치오를 넣어 특별하게 만들어 보았다.

1. 큰 그릇에 찹쌀가루, 설탕, 소금을 함께 섞는다. 물1½큰술을 넣고 손으로 섞는다. 가루가 골고루 적셔지고 큰 덩어리가 풀어져야 한다.
2. 콩, 대추, 곶감, 피스타치오, 밤을 가루 혼합물에 넣고 모두 손으로 섞는다.
3. 찜기에 물을 넣어 끓인다. 찜기 안쪽에 거름천을 깐다. 준비한 찹쌀가루 혼합물을 거름천 위에 올린다. 작은 크기의 찜기를 사용하는 경우 완성된 떡의 두께가 조금 더 두툼할 수 있다. 숟가락의 뒷면으로 반죽을 매끄럽게 편다. 거름천의 끝부분을 위로 덮거나 만약 거름천의 크기가 넉넉하지 않다면 다른 거름천으로 위를 덮는다.
4. 찜기의 물이 끓기 시작하면 찜기에 찜망을 넣고 뚜껑을 덮고 떡이 안쪽까지 쫄깃하게 익도록 약 30-45분간 찐다. 조리 시간은 찜기의 크기와 떡 반죽의 두께에 따라 다르다.
5. 찜기에서 찜망을 꺼내고 뚜껑을 연다. 떡이 거름천을 사용

해서 들어 올릴 수 있을 만큼 식으면 떡을 꺼내서 평평한 그릇 위에 뒤집어 놓는다. 떡을 각각 20×15cm 크기의 커다란 직사각형 모양으로 자른다. 약 3cm 두께의 먹기 좋은 크기로 자른다.

6. 밀폐 용기에 보관하거나 냉동실에 넣어 두고 먹는다. 먹기 전에는 전자레인지에 데운다.

chef's tip

이 레시피는 습식 찹쌀가루만 사용 가능하다. 습식 찹쌀가루는 수분을 머금고 있어서 떡을 만들기에 적합하다.

레몬과 고수 블루베리 머핀

🥣 : 6개
☆ : 낮음
🌿 : NF

재료
- 레몬즙 1큰술
- 두유 또는 귀리 우유 ½컵(120g)
- 중력분 2⅓컵(327g)
- 베이킹파우더 2작은술
- 베이킹소다 ½작은술
- 소금 ¼작은술
- 고수 가루 ½작은술
- 다진 레몬 껍질 2작은술
- 비건 버터 또는 코코넛 오일 ⅔컵(152g)
- 설탕 ¾컵(150g)
- 아쿠아파바(병아리콩물) ¼컵
- 바닐라 익스트랙 1큰술
- 블루베리 1½컵(150g)

손으로 쓴 레시피를 보관해 두는 상자가 있다. 비건이 된 후에도 이 습관을 그대로 유지하고 있다. 이 블루베리 머핀 레시피는 상자에 보관된 레시피 중 가장 오래된 것 중 하나다. 사실 이 레시피를 이 책에 포함하지 않을까도 고민했다. 왜냐하면 한국적인 요소도 적고 가족과 관련된 특별한 이야기가 담겨있는 것도 아니었기 때문이다. 물론 이 머핀을 구울 때마다 가족들이 열광하지만 말이다. 하지만 비건 여부를 떠나 인생에서 가장 맛있는 머핀이었고, 그래서 책에 포함하지 않을 수 없다고 생각했다. 이 레시피로 여러 번 만들어 봤기 때문에 아마 꿈에서도 이 머핀을 요리할 수 있을 것이다.

1. 오븐을 120℃로 예열한다. 머핀 틀에 6개의 종이 틀을 깔거나 스프레이 오일을 뿌린다.
2. 작은 그릇에 레몬즙, 두유를 섞는다. 두유가 응고될 때까지 약 10분간 기다린다.
3. 큰 그릇에 중력분, 베이킹파우더, 베이킹소다, 소금을 체로 걸러 넣는다. 고수 가루와 다진 레몬 껍질을 넣는다.
4. 다른 그릇에 비건 버터와 설탕을 넣고 믹서기로 크림 상태를 만든다. 레몬즙과 두유 혼합물, 아쿠아파바, 바닐라 익스트랙을 넣고 섞는다.
5. 액체 혼합물에 밀가루 혼합물을 세 번에 나눠 넣고 살짝 섞는다. 그릇의 옆면에 아직 밀가루가 남아 있을 수 있지만 괜찮다.
6. 블루베리를 넣는다. 밀가루가 그릇의 옆면에 남아 있는 상

태로 터지지 않도록 주의한다. 반죽은 꽤 두껍게 될 것이다.

7. 숟가락이나 아이스크림 스쿱으로 각 머핀 종이 틀에 동일한 양의 반죽을 넣는다. 거의 꽉 차도록 넣는다.

8. 머핀 틀을 오븐에 넣고 약 8분간 굽는다. 오븐 온도를 175℃로 낮추고 중앙에 꽂은 이쑤시개에 반죽이 묻어 나오지 않을 때까지 19-21분간 더 굽는다. 약 10분간 식힌 뒤 먹는다.

달콤한 메이플 옥수수차

🍜 : 4-6인분
☆ : 낮음
🌿 : GF, NF

재료
- 껍질 벗기지 않은 옥수수 4개
- 메이플 시럽 2큰술
- 얇게 슬라이스한 레몬 1개
- 씨를 제거하고 슬라이스한 고추 1개

chef's tip
알갱이를 오븐에서 건조하는 방법 외에도, 1-2일간 해가 잘 드는 곳에서 건조할 수도 있다. 시판 제품을 구매하면 복잡한 과정을 생략할 수도 있다.

할머니는 집에 보리차가 떨어질 때를 대비해 언제나 옥수수차를 준비해 두셨다. 보리차와 옥수수차를 번갈아 마셨기 때문에 나는 사실상 이 둘의 차이를 거의 구별하지 못할 정도가 되었다. 이 레시피에서는 옥수수차에 단맛을 살짝 더해서 무더운 여름에 상큼함을 가미해 보았다.

1. 오븐을 80℃로 예열한다. 옥수수에서 껍질과 수염을 분리한다. 손이나 숟가락으로 옥수수 알갱이도 분리한다. 껍질, 수염, 알갱이를 큰 베이킹 시트에 한 겹으로 올린다.
2. 베이킹 시트를 오븐에 넣고 1시간 30분 동안 굽는다. chef's tip 수염은 따로 빼 두고 다시 오븐에 넣고 껍질과 알갱이가 완전히 건조될 때까지 2시간 30분 정도 더 굽는다.
3. 구운 알갱이를 큰 주전자나 더치 오븐에 옮겨 담는다. 메이플 시럽을 넣고 중불에서 알갱이가 골고루 코팅되도록 젓는다. 알갱이가 진한 갈색이 될 때까지 약 10분 정도 익힌다. 너무 오래 익히면 탈 수 있으니 주의한다.
4. 껍질과 수염을 추가하고 물 8컵을 붓는다. 물이 끓으면 불을 줄이고 물이 풍부한 갈색으로 변할 때까지 약 15분 정도 끓인다.
5. 다 끓인 내용물은 체로 거르고 찌꺼기는 버린다. 완성된 차는 냉장고에 보관해 두었다가 마실 때 슬라이스한 레몬과 얼음을 띄우고, 신선한 고추도 고명으로 올린다.

초콜릿 칩 단팥 쿠키

남편 앤서니는 초콜릿을 좋아하고 달콤한 디저트를 더욱 맛있게 만들 수 있는 손쉬운 방법은 바로 초콜릿을 넣는 것이라고 말한다. 나는 남편만큼 단맛을 좋아하진 않지만, 잘 만든 초콜릿 칩 쿠키는 좋아한다. 초콜릿 쿠키에 팥을 넣으면 좀 더 가볍고 꾸덕한 맛을 동시에 즐길 수 있다.

🥣 : 12개
☆ : 낮음
🌿 : NF

재료
- 비건 버터 4큰술(57g) chef's tip
- 황설탕 ¼컵(50g)
- 설탕 ½컵(100g)
- 팥 ½컵(160g) p.34
- 식물성 우유 2큰술
- 바닐라 익스트랙 1큰술
- 중력분 1¼컵(315g)
- 베이킹소다 1작은술
- 소금 ½작은술
- 다진 다크 초콜릿 90g

chef's tip
비건 버터 대신 코코넛 오일을 사용할 수 있지만, 쿠키가 딱딱해질 수 있다.

1. 오븐을 190℃로 예열하고 베이킹 시트 위에 유산지를 깔아 둔다.
2. 스탠드 믹서에 패들을 장착하고 비건 버터, 황설탕, 설탕, 팥, 식물성 우유, 바닐라 익스트랙을 저속으로 섞는다.
3. 다른 그릇에 중력분, 베이킹소다, 소금, 초콜릿을 넣고 섞는다. 스탠드 믹서나 나무 숟가락으로 마른 재료들을 액체 재료들에 천천히 넣으며 반죽이 만들어질 때까지 섞는다.
4. 숟가락이나 아이스크림 스쿱으로 골프공 크기 정도의 반죽을 떠서 준비해 둔 베이킹 시트에 올린다. 일반적인 쿠키처럼 퍼지지 않기 때문에 숟가락의 뒷면으로 살짝 눌러 준다.
5. 베이킹 시트를 오븐에 넣고 약 11분간 굽는다. 덜 익은 것처럼 보일 수 있지만, 다 익은 것이니 안심해도 좋다. 식힘망에서 약 2분간 식힌 후 먹는다.

초콜릿을 바른 쇼트브레드 스틱

🥣 : 40-50개
☆ : 중간

재료
- 비건 버터 ¼컵(57g)
- 슈거파우더 2큰술
- 바닐라 익스트랙 1작은술
- 코코넛 우유 2큰술(28g)
- 중력분 1컵(240g)
- 베이킹파우더 ½작은술
- 소금 1꼬집

초콜릿 디핑 재료
- 다진 다크 초콜릿 340g
- 코코넛 오일 1작은술
- 소금

한국의 마트에 가면 새우깡과 포키 스틱을 빼놓을 수 없다. 새우깡의 비건 레시피는 아직 개발 중이지만, 포키 스틱의 비건 레시피를 소개한다. 쇼트프레드 스틱의 끝부분을 원하는 재료로 코팅할 수 있지만 여기서는 클래식한 초콜릿과 약간의 소금을 뿌려 만들어 보았다.

1. 오븐을 175℃로 예열한다.
2. 스탠드 믹서에 패들을 장착하고 비건 버터와 슈거파우더를 넣고 중속으로 약 1분간 섞는다. 바닐라 익스트랙과 코코넛 우유도 넣고 저속으로 액체 재료를 모두 잘 섞는다.
3. 다른 그릇에 중력분, 베이킹파우더, 소금을 넣고 섞는다. 마른 재료를 액체 재료에 조금씩 넣으며 반죽이 만들어질 때까지 섞는다. 끈끈하고 부드러운 반죽을 만든다. 반죽을 냉장고에 최소 1시간 최대 2일 동안 숙성시킨다.
4. 베이킹 시트 위에 유산지를 깔아 둔다. 반죽을 반으로 나눈다. 첫 번째 반죽을 작업하는 동안 나머지 반죽은 냉장고에 넣어 둔다. 반죽을 작은 껌 크기로 둥글게 만든다. 밀가루를 가볍게 뿌려 둔 작업대 위에서 손을 사용하여 15-20cm 길이와 1cm 두께로 굴린다. 모양이 만들어진 반죽을 조심스럽게 베이킹 시트에 옮긴다. 나머지 반죽도 같은 방식으로 만든다. 반죽이 너무 부드러워져 작업하기 어렵다면 냉장고에 10분간 넣어 차갑게 만든다.

5. 베이킹 시트를 오븐에 넣고 가장자리가 보기 좋은 갈색이 될 때까지 약 15분간 굽는다.
6. 쇼트브레드 스틱은 부서지기 쉬우므로 옮기기 전에 완전히 식힌다.
7. 초콜릿 디핑 만들기 : 초콜릿을 전자레인지에서 녹인다. 코코넛 오일을 넣어 초콜릿에 윤기가 나도록 잘 섞는다.
8. 팬 위에 올려진 쇼트브레드 위로 숟가락으로 초콜릿을 원하는 만큼 붓는다. 그 위에 소금을 살짝 뿌린다. 초콜릿이 굳을 때까지 약 5분간 기다린 후 먹는다.

에클레어 케이크

시어머니는 내가 가장 좋아하는 에클레어 케이크를 직접 만들어 주셨다. 사실 에클레어 케이크는 생크림, 인스턴트 푸딩, 그레이엄 크래커, 녹인 초콜릿으로 이루어진 캐서롤이라 할 수 있다. 이 레시피에서는 진한 초콜릿 케이크 층을 추가해서 전설적인 맛의 에클레어 케이크가 탄생했다.

- 🥣 : 9인분
- ☆ : 낮음
- 🌿 : NF

초콜릿 케이크 재료
- 비건 버터 ⅓컵(76g)
- 두유 또는 귀리 우유 ½컵(113g)
- 커피 ½컵(118g)
- 화이트 와인 식초 1큰술
- 바닐라 익스트랙 1큰술
- 무설탕 코코아 파우더 ¼컵(20g)
- 중력분 1½컵(187g)
- 베이킹파우더 1½작은술
- 베이킹소다 ¾작은술
- 소금 1꼬집
- 설탕 ¾컵과 2큰술(175g)

에클레어 바닐라 필링 재료
- 인스턴트 바닐라 푸딩 믹스 145g
- 두유 또는 귀리 우유 1½컵(350g)
- 비건 휘핑크림 255g
- 녹인 다크 초콜릿 141g
- 비건 그레이엄 크래커 또는 바닐라 와퍼 2⅔컵(226g)
- 위에 뿌릴 녹인 초콜릿 *선택 사항

1. **초콜릿 케이크 만들기**: 오븐을 175℃로 예열하고, 베이킹 팬에 스프레이 오일을 뿌린다.
2. 작은 냄비에 비건 버터, 두유, 커피, 식초, 바닐라 익스트랙, 코코아 파우더를 넣고 중불에서 버터가 완전히 녹을 때까지 젓가락으로 젓는다.
3. 큰 그릇에 중력분, 베이킹파우더, 베이킹소다, 소금, 설탕을 넣고 섞는다. 여전히 따뜻한 상태인 초콜릿 혼합물을 붓고 잘 섞어 초콜릿 케이크 반죽을 만든다. 반죽을 베이킹 팬에 붓는다.
4. 팬을 오븐에 넣고 케이크 중앙에 꽂아 둔 이쑤시개에 반죽이 묻어 나오지 않을 때까지 약 18-22분간 굽는다. 최소한 20분간 식힌다.
5. **에클레어 바닐라 필링 만들기**: 먼저 인스턴트 바닐라 푸딩 믹스와 두유를 이용해 조리법 안내에 따라 푸딩을 만든다. 안내된 분량의 절반만 사용한다. 비건 휘핑크림을 인스턴트 푸딩에 섞는다.
6. 다른 그릇에 푸딩 혼합물 ¼ 정도를 녹여 둔 초콜릿에 넣고 섞는다. 이것은 에끌레어 케이크의 마지막 초콜릿 층으로

사용된다.

7. 초콜릿 케이크의 위에 바닐라 필링을 고르게 펴 바른다. 이 작업은 케이크를 구웠던 팬 위에서 한다. 바닐라 필링 위에 그레이엄 크래커를 올린다. 한 번 더 바닐라 필링과 그레이엄 크래커를 올린다.

8. 그다음으로 두 번째 그레이엄 크래커 층 위에 초콜릿 푸딩 혼합물을 펴 준다. 원한다면 케이크 맨 위에 약간의 녹인 초콜릿을 추가로 뿌려 준다.

9. 케이크를 냉장고에서 최소 4시간 동안 굳힌 후에 먹는다. 그레이엄 크래커가 부드러워질 수 있도록 24시간 동안 굳힌 후 먹는 것이 가장 좋다.

단팥 마블 케이크

🥣 : 12조각
☆ : 중간
🌿 : NF

재료
- 두유 또는 귀리 우유 1컵(240g)
- 화이트 와인 식초 1큰술
- 중력분 2½컵(312g)
- 감자 전분 4½큰술
- 베이킹파우더 1큰술
- 베이킹소다 ½작은술
- 소금 1꼬집
- 비건 버터 ⅔컵(151g)
- 설탕 ¾컵 및 2큰술(175g)
- 바닐라 익스트랙 1큰술
- 팥 ¼컵(78g) p.34
- 붉은색 식용 색소 *선택 사항

어느 날, 주방에서 먹다 남은 팥을 정리하던 중 케이크 반죽에 섞어 보면 어떨까 하는 생각이 들었다. 그 결과 팥이 어우러져 촉촉하고 부드러운 케이크가 완성되었다. 달콤하고 맛있는 이 마블 케이크 레시피는 "이게 정확히 무슨 케이크지?"라는 생각이 들 수도 있지만, 미국의 바닐라 맛과 한국의 팥 맛이 조화롭게 어우러진 멋진 케이크다.

1. 오븐을 175℃로 예열하고 10컵 사이즈의 번트 팬에 스프레이 오일을 충분히 뿌린다.
2. 작은 그릇에 두유와 식초를 섞고 응고되도록 약 10분 정도 두어 비건 버터밀크를 만든다.
3. 그릇에 중력분, 감자 전분, 베이킹파우더, 베이킹소다, 소금을 함께 섞는다.
4. 스탠드 믹서에 패들을 장착하고 비건 버터와 설탕을 넣고 고속으로 약 1분간 섞는다.
5. 바닐라 익스트랙 비건 버터밀크를 추가하고 저속으로 섞는다. 체로 걸러 낸 밀가루 혼합물을 액체 재료들과 섞는다. 모든 재료가 잘 섞이도록 고무 주걱을 사용하여 옆면을 아래로 긁어 주면서 계속해서 저속으로 섞는다.
6. 다른 그릇에 반죽의 ⅓을 넣고 팥과 붉은색 식용 색소 몇 방울을 추가하여 핸드 믹서나 거품기로 재료를 섞는다. 단팥은 농도가 높아 핸드 믹서 없이는 섞기에 약간 힘들 수 있다. 반죽은 약간 거칠게 섞일 것이다. 블루베리 머핀 반죽과 비슷한 느낌이다.

7. 번트 팬에 반죽을 6큰술 덜어 넣는다. 그런 다음 팥 반죽을 2큰술 덜어 반죽 위에 올린다. 이 과정을 반복하면서 두 가지 반죽을 모두 사용한다. 젓가락을 반죽 안에 넣고 케이크 전체를 휘저어 마블 무늬를 만든다.
8. 팬을 오븐에 넣고 케이크 중앙에 꽂아 둔 이쑤시개에 반죽이 묻어 나오지 않을 때까지 약 50-55분간 굽는다.
9. 케이크를 팬에서 꺼내기 전 10분간 식힌 후, 다 식으면 팬을 뒤집어서 꺼낸 뒤 알맞은 크기로 잘라서 먹는다.

카다멈 레몬 마들렌

마들렌을 떠올리면 언제나 가장 좋아하는 한국 드라마 〈내 이름은 김삼순〉이 떠오른다. 여주인공이 이 우아하고 섬세한 프랑스 디저트를 '섹시한 쿠키'라고 말하는 장면이 있다. 프랑스 요리 중에서도 특히 프랑스의 과자는 한국의 요리 문화에서 특별한 위치를 차지하고 있다. 어느 날, 엄마가 완벽한 조개 모양을 한 마들렌을 구워 보려다가 모든 쿠키들이 섹시함과는 거리가 멀어진 불탄 덩어리들이 되어버리는 바람에 내게 다급히 전화를 건 적이 있다. 이 경험을 토대로 이 쿠키를 비건 버전으로 만들어 보았다.

: 12개
☆ : 중간
: NF

재료
- 박력분 1컵(130g)
- 베이킹파우더 2작은술
- 소금 ¼작은술
- 다진 레몬 껍질 2작은술
- 카다멈 가루 1작은술
- 아쿠아파바(병아리콩물) ¾컵(150g)
- 크림 오브 타르타르 1작은술
- 슈거 파우더 ½컵(50g)
- 녹인 비건 버터 ½컵(113g)
- 황설탕 1큰술
- 팬에 바를 녹인 비건 버터와 박력분

1. 그릇에 박력분, 베이킹파우더, 소금, 다진 레몬 껍질, 카다멈 가루를 넣고 섞는다.
2. 스탠드 믹서에 거품기를 장착하고 아쿠아파바, 크림 오브 타르타르, 슈거 파우더를 넣고 고속으로 5-10분간 부드럽고 윤기 있으나 너무 단단하게 굳지는 않은 휘핑크림이 만들어질 때까지 섞는다.
3. 밀가루 혼합물을 체로 거른 뒤 휘핑한 아쿠아파바에 넣고 부드럽게 고무 주걱으로 섞어 반죽을 만든다.
4. 다른 작은 그릇에 비건 버터와 황설탕을 넣고 설탕이 완전히 녹을 때까지 섞는다. 반죽 ¼컵을 버터와 설탕 혼합물에 추가하고 주걱으로 완전히 섞는다.
5. 나머지 반죽에 버터와 반죽 혼합물을 천천히 붓는다. 지방이 무거우므로 반죽이 완전히 꺼지지 않도록 천천히 추가하는 것이 중요하다. 주걱으로 섞고 그런 다음 냉장고에 최소 1시간 동안 넣어 둔다.

6. 오븐을 218°C로 예열한다. 마들렌 틀에 녹여 둔 버터를 손가락으로 넉넉하게 바른다. 그 위로 밀가루를 살짝 뿌린다. 밀가루가 전체적으로 골고루 발리도록 틀을 흔든다. 틀을 싱크대 위에서 뒤집어 과도하게 남은 밀가루는 털어 낸다.

7. 숟가락이나 아이스크림 스쿱으로 반죽을 떠서 틀의 중앙에 반죽을 채운다. 반죽이 오븐에서 자연스럽게 퍼지므로 틀 전체에 펴 바를 필요는 없다.

8. 마들렌을 팬에서 꺼내기 전 10분간 식힌 후, 다 식으면 팬을 뒤집어서 꺼낸다. 그렇지 않으면 달라붙어 떨어지지 않을 수도 있다.

커피 케이크

🥣 : 9인분
☆ : 낮음
🌿 : NF

크럼블 토핑 재료
- 중력분 ¾컵(105g)
- 황설탕 ¾컵(150g)
- 백설탕 1½큰술
- 계핏가루 2큰술
- 소금 1꼬집
- 적당한 크기로 자른 비건 버터 ⅓컵(70g)

케이크 재료
- 두유 또는 귀리 우유 ½컵(115g)
- 화이트 와인 식초 1큰술
- 박력분 2⅔컵(335g)
- 베이킹파우더 4작은술
- 베이킹소다 1작은술
- 소금 ¼작은술
- 감자 전분 1작은술
- 적당한 크기로 자른 다크 초콜릿 1컵(170g)
- 비건 버터 ½컵(113g)
- 비건 크림치즈 또는 비건 사워크림 1컵(226g)
- 황설탕 ½컵(100g)
- 백설탕 ½컵(100g)
- 바닐라 익스트랙 1큰술

엄마는 가족 행사가 있을 때마다 케이크를 구웠고 이웃들과 함께 나누어 먹었다. 엄마는 주로 리코타 치즈 케이크를 만드셨는데, 나는 리코타 치즈 부분은 별로 좋아하지 않았고 대신 폭신폭신한 노란색 케이크 부분을 훨씬 좋아했다. 그래서 좋아하는 부분만 활용하여 새로운 커피 케이크 버전으로 만들어 보았다.

1. 오븐을 175℃로 예열한다. 베이킹 팬에 스프레이 오일을 충분히 뿌린다.
2. 크럼블 토핑 만들기: 중간 크기의 그릇에 중력분, 황설탕, 백설탕, 계핏가루, 소금을 넣고 섞는다. 비건 버터를 추가하고 손으로 뭉치듯이 반죽을 섞는다. 반죽을 냉장고에 넣고 기다리는 동안 케이크를 만든다.
3. 케이크 만들기: 작은 그릇에 두유와 식초를 섞고 응고되도록 약 10분 정도 두어 비건 버터밀크를 만든다.
4. 그릇에 박력분, 베이킹파우더, 베이킹소다, 소금, 감자 전분, 초콜릿을 넣고 섞는다. 초콜릿을 추가하고 섞는다.
5. 스탠드 믹서에 패들을 장착하고 비건 버터, 비건 크림치즈, 황설탕, 백설탕을 넣고 중속에서 점점 고속으로 섞는다. 바닐라 익스트랙, 아쿠아파바, 비건 버터밀크를 넣고 저속으로 섞는다.
6. 마른 재료를 액체 재료에 넣고 재료들이 딱 섞일 정도로 조금만 섞는다. 케이크 반죽을 베이킹 팬에 부어 주고, 그 위에 크럼블을 골고루 뿌린다.
7. 팬을 오븐에 넣고 중앙에 꽂아 둔 이쑤시개에 반죽이 묻어

- 아쿠아파바(병아리콩물) 6큰술

chef's tip

나오지 않을 때까지 38-40분간 굽는다. 다 구워지면 케이크를 팬 안에서 약 15분 정도 식혀준 후에 먹는다.

chef's tip

아쿠아파바 대신에 플렉스 에그$^{Flax\ Egg}$ 2개로 대체할 수 있다. 이는 계란을 대체해서 아마씨로 만든 비건 식재료이다. 아마씨 가루 2큰술을 따뜻한 물 5큰술과 섞어 사용한다.

고추장 감 케이크

🍲 : 12인분

☆ : 낮음

🌿 : NF

재료
- 두유 또는 귀리 우유 ¾컵(180g)
- 화이트 와인 식초 1큰술
- 아마씨 가루 3큰술
- 중력분 3컵(400g)
- 베이킹파우더 2작은술
- 베이킹소다 ½작은술
- 계핏가루 1작은술
- 넛맥 가루 ½작은술
- 정향 가루 ¼작은술
- 소금 1꼬집
- 비건 버터 226g
- 설탕 2컵(400g)
- 바닐라 익스트랙 1작은술
- 녹인 비건 버터 2큰술
- 메이플 시럽 2큰술
- 고추장 1큰술 p.28
- 얇게 슬라이스한 감 1-2개

최근 몇 년간 고추장이 전 세계적으로 인기를 끌면서 고추장을 디저트에 사용해 보는 것이 흥미로울 것 같았다. 고추장으로 복숭아를 글레이즈하면 복숭아의 자연스러운 맛을 더욱 강조하면서도 독특한 맛을 더할 수 있다. 이 케이크는 풍부하고 향긋한 맛이 인상적이다. 좋아하는 레드 와인과 함께 즐기기에도 제격인 디저트다.

1. 오븐을 175℃로 예열한다. 작은 그릇에 두유, 식초, 아마씨 가루를 섞고 응고되도록 약 10분 정도 두어 비건 버터밀크를 만든다.
2. 중간 크기의 그릇에 중력분, 베이킹파우더, 베이킹소다, 계핏가루, 넛맥 가루, 정향 가루, 소금을 체로 거른다.
3. 믹서기로 비건 버터 스틱과 설탕을 섞는다. 비건 버터밀크와 바닐라 익스트랙을 추가하고 모든 액체 재료를 섞는다. 마른 재료를 액체 재료에 넣고 잘 섞는다.
4. 작은 그릇에 녹인 비건 버터, 메이플 시럽, 고추장을 섞고 베이킹 팬에 넣는다.
5. 그다음으로 감을 올리고, 케이크 반죽을 넣는다.
6. 팬을 오븐에 넣고 중앙에 꽂아 둔 이쑤시개에 반죽이 묻어 나오지 않을 때까지 약 30-32분간 굽는다.

엄마의 기억을 따라, 한국으로

2019년 부모님과 함께 한국을 방문하며 엄마와 아빠에게 어릴 적 이야기를 들려 달라고 부탁했고, 그중 많은 이야기가 바로 이 책에 담겨 있다. 부모님이 들려 주신 이야기 중에는 이미 들어 본 것도 있었고, 처음 듣는 것도 있었다. 하지만 부모님의 이야기를 통해 한국에서의 그들의 발자취를 따라가 보니, 미처 보지 못했던 부모님의 한 면모를 보게 되었다. 그것은 바로 부모님의 인간미였다. 항상 엄마와 아빠를 부모로만 바라보았는데, 아빠가 낡은 초록색 간판이 걸린 오래된 건물 앞에서 두 팔을 활짝 벌리며 "여기가 바로 내 초등학교야!"라고 외치는 모습을 보면서 아빠에게 한국 여행은 미국 익스프레스 카드로 돈을 지불하고 살 수 있는 것이 아니라는 것을 깨달았다.

초콜릿 하나가 어떻게 엄마의 목숨을 구해 주었는지에 대한 이야기를 듣고 나는 엄마의 고향 마을을 방문하는 것이 너무나도 설레었다. 그곳은 북한에서 가까스로 탈출한 엄마의 가족을 피난민으로 받아들인 곳이었다. 엄마는 언제나

연세대학교에서

아빠의 모교인 초등학교에서

자신을 받아들여 준 그 마을에 대해 이야기했다. 그 마을은 집, 음식, 옷을 제공해 준 곳이었다. 그 마을은 우리가 머무는 곳에서 몇 시간 떨어진 거리에 있었다. 우리는 푸른 언덕 사이에 자리한 작고 조용한 마을로 차를 몰고 갔다. 끝없이 펼쳐진 논을 가로지른 좁은 길은 은빛 심장의 동맥처럼 마을로 굽이굽이 이어져 있었다.

하지만 엄마는 그곳에서 아무것도 기억하거나 알아보지 못했다. GPS도 별 도움이 되지 않았다. 엄마가 그 마을에 다시 온 것이 수십 년 만이기 때문이다. 결국 우리는 논 사이를 가로지르는 작은 길을 따라 마을 반대편에 공공기관처럼 보이는 붉은 지붕의 건물로 가 보았다. 이곳에 가면 누군가에게 길을 물어볼 수 있을 거라고 생각했기 때문이었다.

건물 앞에는 할머니 세 분이 서 계셨다. 그 건물은 회의장으로 보이는 곳이었다. 우리 차가 다가가자 그분들은 차 안 유리창 너머로 엄마를 바라보았다. 할머니들은 햇빛을 가리기 위해 밝은색 모자를 쓰고 있었지만, 세 분 모두 많은 시간을 야외에서 일한다는 걸 알 수 있었다. 할머니들의 검은 눈동자는 반짝거리며 호기심에 가득 차 있었고, 처진 눈꺼풀 아래에서 조금은 초조한 모습이었다. 할머니들은 통굽 슬리퍼를 신고 있었다. 양말과 함께 편하게 신을 수 있는 그런 슬리퍼였다. 우리는 차에서 내렸고, 그제야 나는 엄마도 챙이 넓은 밝은 분홍색 모자를 쓰고 있음을 깨달았다. 이 모자는 우리가 아침 일찍 커피를 살 때 골목 상점에 들러 산 것이었다.

그렇지만 할머니들과 비슷한 점은 딱 거기까지였다. 69세가 된 엄마는 여전히 주름 하나 없

엄마의 기억을 따라, 한국으로

는 매끈한 얼굴을 하고 있었다. 시력을 보호하기 위해 처방된 안경을 쓰고 있었고, 내가 사다 드린 꽃무늬 캔버스 운동화를 신고 계셨다. 엄마의 어깨에는 작년 로마 판테온 근처의 작은 상점에서 사 온 흰색 리넨 스카프가 느슨하게 둘러져 있었다. 한국으로 오기 전에 매니큐어를 꼼꼼하게 발라 손질한 손톱 아래에는 지저분한 흙도 묻어 있지 않았다. 엄마가 외모에 그렇게 신경을 썼던 이유를 이해할 수 있었다. 단순히 보여지는 것들 때문이 아니었다. 엄마는 피난 시절 가족을 돌봐 주었던 그 마을 사람들에게 그들이 베풀어준 것들이 얼마나 큰 결실을 거두었는지, 그 가치를 보여주고 싶었던 것이다.

엄마는 할머니들에게 다가가서 아주 오래전에 커다란 집이 있는 가족들 중 한 집의 반지하에서 살았었다고 말했다. 할머니 중 한 분이 머리를 끄덕이며 엄마의 팔을 잡아당겼고, 따라오라고 말했다. 납작한 슬리퍼를 신은 그 할머니는 우리를 기다리지 않고 힘차게 앞으로 걸어가며 이리 오라고 손짓했다.

아빠는 캠코더를 꺼내 들었고, 나도 카메라를 꺼내서 뒤따라 걸었다. 짧은 경사를 올라가 보니 푸른 언덕 사이에 소박하지만 널따란 집이 있었다. 지붕은 붉은 기와로 덮여 있었고, 우리가 주차한 회의장 건물의 지붕과 비슷한 모습이었다. 통굽 슬리퍼를 신은 할머니가 문을 세게 두드렸고, 곧 문 안에서 나이 든 남자가 나타났다. 세 분 사이에는 잠시 대화가 오갔는데 안내해 준 할머니는 임무를 성공적으로 마치고 돌아와서는 우리를 이끌고 다시 짧은 길을 내려갔다.

남자는 회색 긴 팔 셔츠와 회색 바지를 입고

엄마의 마을

있었다. 아빠와 비슷한 나이거나 아빠보다도 더 나이가 많아 보였다. 그 남자는 집에서 나와 입구 계단 위에 섰다. 엄마는 오른손으로 모자 위를 살짝 누르며 인사를 건넸다. 엄마와 대화를 나누기 시작하자 그는 고개를 끄덕이며, 호기심 어린 얼굴에서 친절한 표정으로 변했다. 엄마가 나를 그분과의 대화에 부르지 않았기 때문에, 아빠와 나는 멀리 물러서서 무슨 이야기를 나누는지 들을 수 없었다. 그래도 만약 우리가 장소를 옳게 찾아온 것이 아니라면, 엄마는 이미 우리에게 와서 말했을 것이다.

짧게 대화가 오갔고, 엄마는 밝은 미소로 돌아서며 나에게 손짓했다. "바로 이 집이야! 우리가 피난 시절 지냈던 바로 그 집이야!" 엄마가 소리쳤다. 엄마의 목소리는 평소에 듣던 것과는 다른 활기가 있었다. 그리고 곧바로 다시 현관문 앞의 남자를 향해 돌아섰다. "여기는 제 딸이에요. 그리고 카메라를 들고 있는 사람은 제 남편이에요. 멀리 미국에서 왔어요." 우리는 인사를 나눴다.

"그래서? 저분은 누구셔?" 엄마에게 물었다.

"저 남자는 우리가 피난민이던 시절 지하실을 내주었던 바로 그 가족의 아들이야!" 엄마는 흥분하며 말했다.

"그럼 우리가 맞게 찾아온 거야? 여기가 엄마가 살던 그 마을이야?"

"맞아! 그런데 정말 많이 변했어. 그래서 내가 알아볼 수가 없었던 거야! 그리고 그 집도 많이 변했어. 내가 살던 때와는 완전히 다른 모습이야. 그리고 그 남자가 참 안 됐어."

"어떤 불쌍한 남자? 아들? 방금 얘기하던 사람? 부자라고 생각했는데."

"아니, 아니야. 그 남자는 아내와 아들을 잃었대. 아내와 아들을 잃고 혼자래." 엄마는 한동안 침묵을 유지한 채 손을 모자 위에 올렸다. 바람에 머리카락이 흩날렸다.

나는 구불구불한 언덕을 사이에 두고 작지만 정돈된 집들을 둘러보았다. 이 집들은 겹겹이 쌓인 붉은 기와들이 마치 화투처럼 지붕을 장식하고 있었다. 언덕 맨 아래에 자리 잡고 있는 버려진 창고 틈 사이로 녹슨 농기구들이 보였다. 어디선가 개 한 마리가 다급하게 짖는 소리가 들렸고, 지붕 위로 내뿜는 창백한 연기가 마치 고요한 기도처럼 하늘 위로 흩어졌다. 내 왼편에는 마치 논들이 속삭이는 듯한 소리를 내며 자신들만의 비밀스러운 이야기로 나를 유혹하는 것만 같았다. 그곳에는 버려진 창고 이야기, 엄마의 미소에 화답하던 친절하지만 슬픔을 간직한 회색 눈동자의 남자에 대한 이야기, 그리고 붉은 기와 지붕과 돌담 아래에서 살고 있는 마을 사람들의 삶의 비밀들이 담겨 있었다.

그리고 그 모든 것 아래에는 엄마가 맨손으로 흙을 헤집으며 찾았던 붉은 고구마가 묻혀 있었다. 그 고구마는 지붕을 감싸고 있던 기와처럼, 엄마의 신발에 그려진 꽃처럼, 엄마의 입술처럼 붉었다. 그리고 그 입술로 엄마는 이렇게 말했다.

"이 아이가 내 딸이에요. 미국에서 왔어요."

감사의 글

몇 년 전, 퇴근하고 집으로 돌아가는 지하철에 앉아있는데 핸드폰이 울렸다. 확인해 보니 아빠로부터 온 이메일이었다. 제목은 '나의 사랑하는 제이슨과 조앤'이었고, 워드 파일이 첨부되어 있었다. 이 책은 부모님의 이야기와 용기가 없었더라면 존재할 수 없었다. 나는 부모님의 딸인 것을 자랑스럽게 생각하며, 부모님을 기리며 이 책을 썼다.

또한 이모(지민 엄마), 외숙모(형성 엄마), 삼촌(형성 아빠), 그리고 내 사촌 예민에게도 감사의 인사를 전하고 싶다. 나와 함께 많은 시간을 보내며 레시피를 실험하고, 음식의 정확한 맛을 재현하는 방법에 대해 조언해 주었다. 김치 담그는 법을 가르쳐 주고, 무거운 사진 장비와 소품들을 들고 수많은 사진들을 찍고, 수백 개의 만두를 함께 빚었다. 얼굴과 손, 그리고 마음을 사진에 담을 수 있도록 허락해 주신 것에 대해 감사드린다. 지구상 최고의 시어머니 주디에게도 깊은 감사의 말씀을 전한다. 함께 김치를 담그고 레시피를 실험해 보고 이 책을 꼼꼼히 검토해 주셨으며 언제나 나를 응원해 주셨다.

나를 위해 한국에서 최고의 비건 식당을 찾아 주고, 나의 음식에 대해 아주 솔직하게 의견을 이야기해 준 올케 영정에게도 감사하다. 동생 재선, 시동생 데이비드, 그리고 지민, 형성, 윤성, 예민 모두가 나를 응원해 준 것에 감사드린다.

가장 친한 친구, 김 줄리에게도 감사의 인사를 전한다. 스스로에 대한 확신을 가지기 훨씬 더 오래전부터 나를 믿어 준 소중한 친구다. 이 책은 당신이 없다면 존재하지 않았을 것이다. 맛있는 음식을 항상 요리해 주고 이야기, 레시피, 생각을 적을 수 있는 안전한 공간을 제공해 준 데보라에게 감사의 말씀을 전한다. 베티에게는 백만 번도 넘게 감사의 말씀을 전하고 싶다. 가장 재능 있는 음식 사진작가이자, 나에게 필요한 언니였다. 작은 차이가 얼마나 큰 차이를 만들 수 있는지를 보여주었고, 삶과 예술에서 자신만의 길을 찾아가는 용감한 사람이다. 니샤에게도 감사의 말씀을 전한다. 명랑하고 현실적인 조언, 요리책에 대한 영감을 주었다. 오리지널 뉴욕 비건 하우스 파티 멤버들(김 줄리, 니샤, 베르토, 레베카, 헤일, 차메인)에게도 감사의 말씀을 전한다. 내가 요리한 음식을 먹고 자신감을 불어넣어준 덕분에 이렇게 모든 사람들과 나의 요리를 나눌 수 있게 되었다. 티모시는 디테일이 얼마나 중요한지, 그리고 나 자신도 아름다운 것들을 누릴 자격이 있다는 것을 깨닫게 해 주었다. 나의 꿈을 현실로 이루게 해 준 영국인 친구 찰리에게도 감사드린다. 나의 비전을 이해할 뿐만 아니라 이를 위해 함께 동행해 주었다.

루시아와 출판사 팀에게도 감사드린다. 줌 회의에서 마치 세상을 정복할 수 있을 것 같은 기분을 느꼈다. 전업 변호사이자, 첫 번째 책을 집필하는 나에게 베푼 이해심과 인내심은 정말 놀라웠고, 그 마음들을 언제나 느낄 수 있었다. 친절한 편집자 님부터, 트위터 팔로워에 열광하는 영업 팀, 출판 1년 전에 나와 함께 모여 회의를 진행해 주신 PR 팀, 책 표지 옵션을 정리해 준 아트 디렉터, 모든 오류를 꼼꼼하게 찾아 낸 교정 작업자들까지, 이렇게 자랑스러운 작품을 만들 수 있도록 도와주신 모든 분들에게 감사의 말씀을 전한다.

친구 테리에게 감사의 말씀을 전한다. 선물해 준 아름다운 그릇뿐만 아니라, 팔로워가 1만 명인 시절 나를 중요하게 생각해 주지 않는 다른 사람들 사이에서도 친구로 곁을 지켜주어 감사하다. 우리의 우정은 나에게 온 세상을 의미한다. 아론에게도 감사의 말씀을 전한다. 지구상에서 가장 재능 있고 훌륭한 도자기 장인이다. 아론이 없었다면 이 책은 지금처럼 아름다워 보이지 않았을 것이다. 이 책이 아론의 작품들에 걸맞길 바란다. 야샤르에게도 감사의 말씀을 전한다. 트위터에 남긴 한마디로 내 인생 전체가 바뀐 것은 정말 놀라운 경험이다. 넉넉한 마음을 베풀어 준 것에 대해 너무나 감사하다. 대한민국의 뛰어난 셰프들, 아마추어 요리사들, 푸드 블로거들(Mangchi, Korean Bapsang, Serious Eats)에게도 감사의 말씀을 전한다. 엄마가 바쁘셔서 내게 레시피를 가르쳐주실 여력이 없었을 때, 이들로부터 한국 요리에 대해 많이 배울 수 있었다. 또한 폴리 가족에게도 감사의 말씀을 전하고 싶다. 이 책을 만들면서 나를 지원해 주고, 회사에서 성장하는 동안 나를 발전시켜 준 모든 동료들에게 감사의 말씀을 전한다. 특히 직장에서 가장 친한 친구인 제프와 내 직장 아빠인 빌에게 이 책을 쓰는 동안 가장 큰 응원을 받았다.

마지막으로, 내 남편 앤서니에게 감사의 말씀을 전한다. 앤서니가 없었다면 '비건 한식 The Korean Vegan'이라는 개념 자체가 없었을 것이다. 나를 특별하다고 믿는 당신에게 감사를 전한다. 매일 당신의 믿음에 부응하기 위해 노력하고 있다.

외국인도 좋아하는 비건 한식 대백과
시카고에서 차려 낸 엄마의 집밥

초판 발행일	2025년 2월 7일
발행처	현익출판
발행인	현호영
지은이	조앤 리 몰리나로
옮긴이	김지연
편 집	이선유
디자인	강지연
주 소	서울특별시 마포구 월드컵북로58길 10, 더팬빌딩 9층
팩 스	070.8224.4322
ISBN	979-11-93217-95-5

The Korean Vegan Cookbook
by Joanne Lee Molinaro

이 책의 한국어판 저작권은 알렉스리에이전시ALA를 통해 Avery, an imprint of Penguin Random House LLC와 독점 계약한 현익출판이 소유합니다. 저작권법에 의하여 한국 내에서 보호를 받는 저작물이므로 무단 전재 및 복제를 금합니다.

All rights reserved including the right of reproduction in whole or in part in any form. This edition published by arrangement with Avery, an imprint of Penguin Publishing Group, a division of Penguin Random House LLC. This Korean translation published by arrangement with Avery in care of Penguin Random House LLC through AlexLeeAgency ALA.

현익출판은 골드스미스의 일반 단행본 출판 브랜드입니다.
잘못 만든 책은 구입하신 서점에서 바꿔 드립니다.

좋은 아이디어와 제안이 있으시면 출판을 통해 가치를 나누시길 바랍니다.
투고 및 제안: uxreviewkorea@gmail.com